AF145855

Bernd von Guseck

Waldrast - Novelle

Bernd von Guseck

Waldrast - Novelle

ISBN/EAN: 9783744672153

Hergestellt in Europa, USA, Kanada, Australien, Japan

Cover: Foto ©ninafisch / pixelio.de

Weitere Bücher finden Sie auf **www.hansebooks.com**

Waldrast.

Novelle

von

Bernd von Guseck.

Leipzig.
Verlag von Paul Kormann.
1870.

1.

Es war Nacht, eine laue mondhelle Sommernacht. Kein Windhauch bewegte die Zweige, selbst auf den Bergen schliefen die alten Bäume. Süßer Friede überall! Die Vögel schliefen in ihren lauschigen Verstecken unter dem sichern Laubbach, das Wild hatte sich in sein Lager gedrückt, alle Stimmen welche sonst die Einsamkeit der schönen Berge belebten, waren verstummt bis auf das Rieseln des Baches, der dem Thalgesenke folgte, um sich, mit andern vereint, zum Fluß in der Ebene hinabzuschlängeln. Aber dies Murmeln und Rauschen klang so heimlich und traut, daß es die selige Stille, welche die Landschaft umfangen hielt, nicht störte, sondern nur behaglicher machte, wie das Schlummerlied einer Mutter den süßen Schlaf ihres Kindes nicht stört. Hoch am Himmel wallte der Vollmond. Er ließ seine Silberstrahlen in den Wipfeln der Bäume spielen, daß die Blätter zauberisch flimmerten, er blickte in die tiefen Thäler, welche sich in den Bergmassen, tief eingeschnitten, vielfach verzweigten. Da flogen und gaukelten um die Büsche viel Glühwürmchen, als wollten sie den Elfen zum nächtlichen Tanze leuchten, da blühten im Verborgenen einsam wilde Rosen, die nie eines

1

Menschen Auge sieht, nie eines Menschen Hand pflückt, und in Moos und Gestein, unter Blättern, selbst im Bache, schlief eine ganze Thierwelt kleiner Geschöpfe, welche jeder Morgen zum neuen kräftigen Leben weckt.

So friedlich Gottes Natur! So heilig die Stille! Mußte sie ein greller Mißton stören? Aus dem waldigen Thale, das sich immer enger werdend in mehreren Krümmungen zwischen bewachsenen Hängen zu höhern Stufen des Berglandes hinaufzog, schallte ein menschlicher Laut, ein Schrei, war es der Angst oder der Wuth? Durch die schweigende Nacht klang er, weithin zu hören. Aber Niemand vernahm ihn, als der Eine, Unerforschliche droben, der den leisesten Seufzer, wie den lautesten Wonnelaut des Entzückens seiner Menschenkinder vernimmt und seine Rathschlüsse nicht ändert.

Der Hülferuf war verhallt, nach einer kleinen Weile fielen im Thale zwei Schüsse rasch hintereinander. Und durch Busch und Gesträuch raste es, wie eine scheue Flucht. Auch dies Geräusch erstarb bald, die vorige Stille herrschte wiederum im Thale und auf den Bergen. Eine Viertelstunde mochte wohl vergangen sein, da rauschte es von Neuem in den Gebüschen des Thalgrundes, wo derselbe breiter werdend zur Ebene ausläuft, und ein Mensch trat schwankenden Ganges heraus, wenige Schritte nur, dann sank er zu Boden in das Riedgras. War es die äußerste Erschöpfung nach einem langen Laufe, war es Krankheit oder, schlimmer noch, eine Verblutung aus frisch empfangener Wunde, welche ihn danieder warf? Jene beiden Schüsse, hatten sie ihm gegolten, hatte eine der heißen Kugeln, welche sie entsandt, ihn getroffen und er sich nur noch bis hierher geschleppt, um hier, wie ein waidewunder Hirsch, einsam zu sterben? Der Mondstrahl erhellte ein bleiches, jugendlich schönes Gesicht, die Brust des Niedergesunkenen hob sich wie unter Krämpfen, eine Hand hatte er krampfhaft auf das Herz gepreßt. So lag er da, wenige Schritt von dem breit ausgetretenen Pfade, der sich aus der Ebene in das aufsteigende Thal emporzog, aber durch einen dichten Wall niedern Gesträuchs gegen denselben verdeckt, so daß viele Menschen nichts ahnend vorüber gehen konnten ohne ihn zu bemerken.

Die Nacht entschwebte. Ueber den östlichen Bergen wurde der Himmel lichter, bald flammte ein leuchtendes Morgenroth auf, das die Kronen der Waldbäume mit wunderbar schönen Lichtern erhellte. Der Mond war hinter dem westlichen Thalhange uiedergesunken. In den Zweigen rührte sich der Morgenwind und weckte die Vögel. Die hoben ihre Köpfe unter den Flügeln, wo sie im Schlummer geruht, sie schüttelten sich, sahen mit hellen Augen umher und putzten ihr Gefieder, indem sie einzelne Rufe durch den Wald klingen ließen und sich fern und nah Antwort gaben. Dann flatterte es lustig von Zweig zu Zweig und die kleinen bunten Sänger stimmten, jeder nach seiner Weise, ihr Morgenlied an, ein Loblied dem Herrn! Die Natur war erwacht, der erste Sonnenblitz traf das vergoldete Kreuz, das hoch im obern Thale über die niedrigen Wipfel der Bäume blickte. Es war das Kreuz auf dem Thurm einer Kirche, der aber bis zu seinem Knopfe von den Laubmassen verdeckt war.

Auf dem Pfade, der von der Ebene in den aufsteigenden Thalgrund führt, schritt jetzt eine Frau daher, mit einem Knaben an der Hand. Sie war dürftig gekleidet, hatte ein wollenes Tuch über den Schultern und einen runden braunen Strohhut auf dem Kopfe, ihr Gesicht war mager und eingefallen, ihr Gang äußerst matt. Desto frischer und blühender sah der Knabe aus, auf dessen Anzug auch mehr Sorgfalt verwendet schien, die Mutterliebe hatte wohl hier Alles gethan, was in ihren Kräften stand, um das Kind wohlgefällig zu kleiden. Um den kleinen Hut trug er ein Band mit blinkender Stahlschnalle, seine braune Jacke hatte einen zierlichen Schnitt, die kurzen Hosen waren unterm Knie mit Schleifen gehalten und ließen die straffen Beinchen abwärts ohne Strümpfe frei, feste Schuhe deckten die kleinen Füße. Der Knabe mochte etwa sechs Jahre alt sein, muntern Schritts ging er neben der Frau her, die ihn an der Hand führte; von Zeit zu Zeit warf er einen Seitenblick auf sie, endlich fragte er: „Du bist wohl müde, Mama?"

„Sehr, mein Rudolf! Laß uns eine Weile sitzen," erwiederte sie. „Wir haben jetzt einen steilen Weg."

Sie waren schon in den Thalgrund gelangt, wo rechts und links die bewaldeten Hänge sich erhoben und der Pfad am Ufer des rauschenden Baches dahin lief. Eine alte Buche mit weißem, vielgeborstenem Stamm stand am Wege, sie hatte ihre Zweige mit den schönen gerippten Laube über einen großen Raum ausgebreitet und bildete ein natürliches Schirmdach gegen die Sonnenstrahlen am Mittag, wie gegen den stärksten Regen, von welchem kein Tropfen hindurch dringen konnte. Jetzt war aber der Himmel krystallklar, nur ein Paar rosig angeglühte Wölk= chen zogen im reinen Aether dahin und die Sonne hatte die Berghöhe noch nicht erreicht, um in das Thal schauen zu können. Als die beiden Wanderer dem alten Baume nahten, flogen aus dessen Wipfel ein Paar goldgelbe Pirole schreiend auf und der Knabe, welcher sie bemerkte, ließ einen lauten Ausruf über die schönen Vögel hören. Seine Mutter hatte aber keinen Sinn dafür, sie sank zum Tode matt in das weiche Moos, das unter der Buche das Gras durchwucherte.

„Bist Du sehr müde, Mama?" fragte der Knabe. „Warum sind wir denn nicht weiter gefahren?"

„Weil der Postwagen nach einem andern Orte ging als wo wir ihn hin wollen, Rudi?" antwortete die Mut= ter, indem sie ihr müdes Haupt, von dem sie den Hut abnahm, gegen den Stamm eines Baumes lehnte. „Du siehst, hier geht gar kein Fahrweg, nur ein Fußsteig, auf welchem wir unser Ziel erreichen werden." Sie sprach die letzten Worte mit gepreßter Stimme, als ob sie ihr schwer fielen und seufzte tief. Ihre Augenlieder senkten sich die scharfen Linien, welche der Gram um ihren Mund eingeschnitten hatte, traten stärker hervor.

Der Knabe hatte dafür noch kein Verständniß, er sah nur, daß die Mutter ihre Augen schloß. „Du willst, wohl schlafen, Mama?" fragte er.

„Ich möchte wenigstens ein Weilchen ruhen," sagte sie, indem sie sich aufrichtete und das Bündel ihrer Sachen, das sie getragen, und nun in das Gras neben sich gelegt hatte, zurecht rückte, um ihren Kopf darauf zu legen. Als sie das eben gethan, ließen sich fernher im Thale wunderbare Klänge vernehmen, Anfangs leise und lieblich wie Sphärenmusik, bald aber mächtig anschwellend in erhabener Harmonie zu der Weise eines Chorals.

Die Frau war bei dem ersten Tone aufgefahren, sie lauschte, ihre Augen füllten sich mit Thränen, welche ihr unbewußt, Perle um Perle, über die bleichen abgehärmten Wangen in ihren Schooß rollten. — „Was ist das, Mama?" fragte der Knabe.

„Orgelklang, Rudi, hörst Du es nicht? Orgelklang aus meiner Kindheit, aus meiner glücklichen Jugend!" Ihre Seelenstärke war gebrochen, sie weinte bitterlich. Der Knabe erschrak darüber, seine kindlichen Augen flossen über wie die ihrigen, und er fragte sie bittend, warum sie weine. Sie faßte sich wunderbar schnell, ihr Leben hatte sie dazu gewöhnt, es gab ja eine Zeit und sie war noch nicht lange vorüber, wo keine Thräne ihr Auge befeuchtete, ohne daß sie die härtesten Worte hören mußte.

„Ich dachte an traurige Dinge, mein Kind, die sind nicht für Dich," erwiederte sie. „Höre nur auf die schöne Melodie, die wirst Du auch bald singen lernen: „Wer nur den lieben Gott läßt walten und hoffet auf ihn allezeit, den wird er wunderbar erhalten in aller Noth und Traurigkeit."

„Wie kommt aber eine Orgel in den Wald?" fragte der Knabe. „Die ist doch nur in der Kirche."

„Siehst Du dort oben das goldene Kreuz, das in der Sonne schimmert?" erwiederte die Mutter. „Dort steht eine Kirche und die Orgel ist eingebaut über dem Portal in die Mauer an drei hohen Fenstern — ein Graf dem das Kirchdorf gehörte, hat das vor alten Zeiten so gestiftet. Wenn die Sonne aufgegangen ist, muß der Küster alle Morgen die drei Fenster mit ihren Flügeln weit öffnen und einen Choral auf der Orgel spielen, daß es über die ganze Gegend und hier hinunter durch das Thal erklingt. So hat es der Graf angeordnet. Die Menschen sollen dadurch an den lieben Gott erinnert werden, daß sie ihr Tagewerk mit Gebet anfangen. Ist das nicht schön und fromm?"

Der Knabe hatte ihr aufmerksam zugehört und seine kleinen Händchen gefaltet. Da überkam die Mutter eine tiefe Wehmuth und sie mußte ihre ganze Seelenkraft aufbieten, um nicht von Neuem in Thränen auszubrechen. Sie legte sich in das Moos nieder und schloß die Augen.

„Wirst Du jetzt schlafen, Mama?" fragte der Knabe.

„Ich denke, nur ein Weilchen, mein Rudi," antwortete sie weich. „Dann wollen wir weiter gehen."

„Darf ich ein wenig hier herumspringen? Bitte, bitte Mama!"

„Geh' aber nicht weiter, als Du mich noch siehst! Verlaufe Dich um Gottes willen nicht, mein Kind! Im wilden Walde könntest Du Dich verirren und nicht wieder zu mir finden!"

„Dann riefe ich Dich und Du holtest mich!"

„Ach, armes Kind, im Walde hört man das nicht. Geh' nicht weit, Rudi, siehst Du den scharfen Stein dort? Nicht weiter, hörst Du?" Der Knabe versprach es ihr, sie warnte ihn noch vor dem Wasser, das zwar nicht tief war, ihm aber doch, wenn er vom Ufer ausglitt und hineinfiel, gefährlich werden konnte; er versprach ihr, weit davon zu bleiben, und sie gab sich nun dem Schlummer hin, dem sie nicht länger zu widerstehen vermochte, denn sie war auf das Aeußerste erschöpft.

Die Orgeltöne klangen noch eine Weile tröstlich in ihren Schlummer hinein, dreimal wurde die Melodie des Chorals wiederholt, dann verhallten die frommen Klänge und nur das Murmeln des Bachs und das Rufen und Singen der Waldvögel ließ sich in dieser tiefen Einsamkeit noch vernehmen. Wie lange die Frau geschlummert, wußte sie nicht, als sie erwachte: sie hatte zuletzt einen glücklichen Traum gehabt, dessen Nachgefühl noch wonnig in ihrem Herzen zitterte, aber sie konnte sich durchaus nicht besinnen

was sie geträumt hatte, schreckhaft sah sie sich plötzlich um;
wo war Rudolf? Sie hatte erwartet, daß er, nachdem er
eine Weile umhergespielt hatte, neben ihr sitzen und ihren
Schlaf bewachen werde, — sie schalt sich in ausbrechender
Angst, daß sie so schwach gewesen war, ihm zu erlauben,
sich auch nur eine kleine Strecke zu entfernen, es war ihre
Körperschwäche, welche ihr auch alle Engerie des Geistes
gelähmt, sie hatte sich nur nach Ruhe, um jeden Preis
nach Ruhe gesehnt, am willkommensten wäre ihr die ewige
Ruhe des Grabes gewesen, wenn sie nicht ihres Kindes
wegen noch hätte leben müssen, wenigstens so lange, bis sie
ihm eine sichere Freistatt verschafft hatte. Mit diesen Gedanken raffte sie sich vom Boden auf und blickte rings
umher: er mußte ja doch ganz in der Nähe sein, wenn er
sich auch vielleicht durch die Schönheit des Thales, die mit
jedem Schritt neue überraschende Bilder bot, durch einen
bunten Schmetterling ein wenig weiter hatte locken lassen,
als ihm die Grenze bezeichnet war. Dort bei dem scharf-
kantigen Felsenvorsprung, über den er nicht hatte hinaus
gehen sollen, mündete eine enge Klippenschlucht in das Thal,
da hinein konnte er sich nicht gewagt haben, weiter hinauf
zweigten sich mehrere andere Gründe ab, sie kannte sie
alle, dort war ein Verirren wohl möglich... Laut rief
sie seinen Namen und lauschte auf Antwort, hoffte, sein
fröhliches Gesicht unter den Bäumen zu erblicken — ver-
gebens! In namenloser Angst, mit Anstrengung aller ihrer
Kraft wiederholte sie mehrmals den Ruf, alte Märchen

an welche sie doch nicht glaubte, fielen ihr ein, Geschichten von Kinderraub: ihr Knabe war so schön, daß
er wohl wandernde Zigeuner oder Gaukler, die ihn etwa
im Walde getroffen, reizen konnte, sich seiner zu bemächti-
gen, er war noch so klein und so unbefangen, um ihnen
zu mißtrauen — die geängstigte Mutter ließ ihre geringe
Habe unter dem Baume liegen und lief eine Strecke thal-
auf, aber weit durfte sie sich ja nicht entfernen, Rudolf
konnte von einer andern Seite zurückkommen und wenn er
sie vermißte, tödtlich erschrecken. Auch versagte ihr die
Kraft, ihre Kniee schwankten, ihr Kopf brannte, vor ihren
Augen wurde es dunkel! Nach einem Halt tappend, griff
sie in die Luft, da wurde sie plötzlich wie durch eines Engels Stimme wieder zum Bewußtsein, zum Leben geweckt:
silberhell rief es im Thale nach ihr, das war ihr Kind.
Jetzt hatte sie Kraft, ihm mit freudigem Aufjauchzen zu
antworten, dann sank sie auf ihre Kniee und rang ihre
Hände namenlos beglückt zum Himmel empor. So erblickte
sie der Knabe, als er in einiger Entfernung sichtbar wurde.
Er sprang in lustigen Sätzen die abschüssige Senkung hinab, wohl wissend, daß er für die Uebertretung des mütter-
lichen Gebots zwar Schelte verdient habe, sie aber doch
nur sehr gelinde empfangen werde. Die Frau, neu gekräf-
tigt durch die Gewißheit, ihren Liebling wieder zu haben,
erhob sich, und ging ihm langsam entgegen, sie hatte nur
Augen für ihn und bemerkte nicht, daß ihm ein Reiter
vorsichtig sein Pferd auf dem ziemlich steilen Pfade lenkend,

folgte und daß hinter diesem ein zweiter, wahrscheinlich sein Diener kam, neben welchem ein alter Mann im grünen Rocke, offenbar ein Jäger, zu Fuß ging; auch ein großer, weißer Hühnerhund, der mit gebogener Ruthe am Boden spürte, wurde sichtbar.

„Du böses Kind!" sagte die Mutter, indem sie den Knaben, der mit glühenden Wangen zu ihr aufblickte, in die Arme schloß. „Was hast Du mir für Angst gemacht! Du hättest Dich verirren können und wärst vielleicht stundenlang nicht zu Menschen gekommen. Hungern hättest Du müssen im wilden Wald!"

„Ach, es waren so schöne Erdbeeren da oben, Mama!" erwiederte Rudolf ziemlich reulos. „Und so schöne Blumen — ich habe Dir auch einen ganzen Strauß mitgebracht."

Unterdessen war der Reiter in die Nähe gekommen und die Frau sah fast erschrocken zu ihm auf. „Da bringe ich Ihnen Ihren Wildfang wieder!" sagte er. „Wenn ich nicht den halsbrechenden Fußsteig zu ihm hinunter geritten wäre, als ich ihn zu Gesicht bekam, so hätte er in die Wildniß gerathen können, wo sich der alte Förster da manchmal nur mit Mühe zurechtfindet. Mein Kerl ist hinter mir gestürzt, Sie können sehen, wie sich das Pferd beide Kniee abgeschunden hat. Nun haben Sie aber Ihren Deserteur wieder, halten Sie ihn kürzer am Zügel."

Die Frau dankte dem alten Herrn, sie hatte ihn auf

den erften Blick wieder erkannt, wie fehr mußte fie fich
verändert haben, daß er zu ihr, wie zu einer ihm völlig
fremden Perfon fprach! Und es waren doch kaum zehn
Jahre vergangen, feit fie dies gutmüthige, lebhaft gefärbte
Gefiht, das von Gefundheit und Wohlleben zeugte, zum
letzten Male gefehen hatte.

„Sagen Sie mir aber, wie kommt Ihr Junge zu
meinem Namen?“ fragte er. „Rudolf Witting! Von
Witting nicht, aber doch Witting, der Name ift mir noch
nirgend bei einem andern Menfchen als mir aufgeftoßen
und ich dachte fchon, ich würde ihn, als der Letzte, der
ihn getragen, mit ins Grab nehmen. Nun wird ihn der
Springinsfeld, wenn auch ohne das von, weiter fortpflan-
zen. Wo find Sie denn her, gute Frau?“

„Ich komme von weit her,“ antwortete fie. „Hat
Ihnen mein Knabe feinen Namen gefagt?“

„Freilich, er ift gut inftruirt! Er fagte mir auch,
daß feine Mutter hier unten ein Bischen fchlafe. Wie
kommen Sie denn in das Eberthal? Wo wollen Sie
hin?“

„Nach Waldraft,“ antwortete fie.

„So! da haben Sie noch gut zu fteigen. Haben
Sie Verwandte auf dem Hofe? Den Verwalter vielleicht,
der ift auch weit her. Oder wollen Sie nach der Klingmühle?“

Die beiden Männer waren auch herangekommen, der

Reitknecht und der Jäger. Beide waren auch alt und sahen einander sehr ähnlich, die Frau kannte Beide und wußte, daß sie Brüder waren. Kaum hatte der Forstmann sie in's Auge gefaßt, als er einen lauten Ausruf der Verwunderung hören ließ. „Herr Gott! das ist ja Mamsell Klärchen."

Eine dunkle Glut überflog das Gesicht der Frau. „Was denn, Wartmann?" rief der Reiter, der neben ihr hielt. „Sind Sie gescheit?"

„Aber, gnädiger Herr, kennen Sie denn des Herrn Pastors Klara nicht mehr?" entgegnete der Förster. Der alte Herr wurde nun auch dunkelroth und starrte die Frau an.

„Ich bin die Tochter des Pfarrers Schubert," sagte sie mit bebender Stimme.

„Und der Junge da? Der meinen Namen führt?" brach der Alte los.

„Der Knabe ist mein Sohn, mein eheliches Kind, Herr von Witting," erwiederte sie, nicht ohne einen Ton von Bitterkeit, den aber der alte Herr überhörte.

„Ist sein Vater auch mitgekommen?" fragte er hastig.

„Sein Vater ruht im Grabe . . ." war die Antwort, welche die Frau mit zitternder Stimme gab.

In diesem Augenblick wurden sie durch ein wüthendes Hundegebell unterbrochen, das ganz in der Nähe erklang. Der Förster sah sich nach seinem Hunde um, der hatte aber zu revieren angefangen und war nicht zu sehen, der Waidmann pfiff, aber nur um so grimmiger erscholl das Gebell. — „Er muß dort etwas gefunden haben!" sagte der Förster und brach sich Bahn durch das dichte Gebüsch, welches die Aussicht nach der Stelle, wo der Hund wüthete, von hier aus verdeckte.

2.

„Sie wollen also zu Ihrem Vater gehen?" fragte Herr von Witting.

„Ja," entgegnete die Frau, die sich gefaßt hatte, und zögernd setzte sie die Frage hinzu: „Ist er gesund?"

„Kerngesund!" versicherte Witting. „Ich glaube, den kann gar keine Krankheit anfechten. Er geht noch so stramm und gerade, daß er die jüngsten Leute beschämt, und wenn man ihn auf der Kanzel hört, so ist es, als hätte er eine Lunge von Erz."

„Herr von Witting!" rief die Stimme des Försters jetzt aus dem Dickicht, und hinschauend sahen sie durch dessen zurückgebogene Zweige das von Schrecken entstellte Gesicht des alten Waidmanns blicken. „Ich bitte Sie um Gotteswillen, kommen Sie her! Hier liegt Klingmüller's August erschossen!"

„Herr Jesus! Von wem denn?" entgegnete Witting, indem er seinen Reitknecht herbeiwinkte, um abzusitzen und ihm das Pferd zu übergeben. Auch die Frau war heftig

erschrocken, denn der Sohn des Klingmüllers war ihr wohl
bekannt, wenn er zu ihrer Zeit auch noch nicht erwachsen
gewesen war.

„Ja, von wem!" sagte der Förster. „Wenn's nur
mein Schmiedel nicht gewesen ist, der ging mir heut' ver-
dächtig aus dem Wege. Ich hätte aber nimmermehr geglaubt, daß der August — na kommen Sie nur, Sie werden's ja gleich selber sehen!" — Witting war abgestiegen
nnd ließ sich von dem Förster einen Durchgang in dem
dichtverwachsenen Gebüsch öffnen; auch die Frau mit ihrem Knaben folgte. Rudolf ließ aber ihre Hand los und
schlüpfte den beiden Männern mit der Gewandtheit einer
Eidechse durch die Zweige voraus. Als er jenseits auf den
freien Platz gelangte, erschrak er aber doch über den Anblick, der sich ihm bot, und blieb am Rande des Dickichts
stehen, bis die Andern kamen. Im hohen Riedgrase lag
die von Blut überströmte Leiche eines jungen, schönen
Mannes, dessen Gesichtszüge sich nach dem vor Stunden
schon überstandenen Todeskampfe wieder freundlich, wie sie
im Leben gewesen waren, gestillt hatten, nur das gebro-
chene Auge, das unter den halb gesenkten Liedern den Kom-
menden entgegen zu starren schien, hatte noch die Schrecken
des Todes bewahrt.

„Der arme Kerl!" sagte Witting, als er den Sohn
des Müllers erkannt hatte. „Wer mag ihn nur erschossen
haben und weswegen?"

„Weswegen?" wiederholte der Förster, indem er sich
bückte und ein Gewehr aufhob, das neben dem Todten im
Grafe lag. „Sehen Sie doch nur! Wie kommt Kling=
müller's August mit einer Büchse in den Wald? Wo hat
er sie her? Ich habe gar nicht gewußt, daß sein Vater
irgend einen Schießprügel besitzt, geschweige denn eine so
schöne Lütticher Büchse. Auf Wilddieberei ist der junge
Mensch ausgegangen, und wer ihn dabei betroffen und
weil er sich wahrscheinlich zur Wehre gesetzt, niedergeschos=
sen hat, das kann ich mir wohl denken. Wenn der Caro
dort reden könnte, würde er es uns vielleicht sagen, der ist
vor Tage schon einmal mit im Wald gewesen. Wenn
ich nach Hause komme, will ich meinen Burschen gleich in's
Verhör nehmen, ich wundere mich nur, daß er's mir nicht
schon angezeigt hat, denn er ist ja vollkommen in sei=
nem Recht gewesen. Es hat aber immer etwas Schreck=
liches, auf einen Menschen zu schießen — wenn's nicht
im Kriege ist, Herr von Witting."

Der alte Herr, der in frühern Jahren als freiwilli=
ger Jäger die deutschen Befreiungskriege mitgemacht hatte,
gab ihm Recht und besichtigte mit ihm die Wunde in der
Brust, welche den Erschossenen nach ihrer Meinung aber
nicht getödtet haben würde, wenn ihm Jemand beigestanden
und gleich das Blut gestillt hätte. Er war, wie der Förster
sagte, nur an Verblutung „verendet" — wie lange er
schon hier niedergesunken war und gelegen hatte, konnte
Niemand wissen, sein Körper war bereits ganz steif.

„Was machen wir nun mit ihm?" fragte Witting. „Laffen wir ihn hier liegen?"

„Wir können ihn doch nicht hinauf tragen, gnädiger Herr?" entgegnete der Forstmann. „Wenn wir oben ankommen, zeigen wir's an, sie können dann Leute herschicken und ihn holen laffen."

„Nein, Alter!" erwiederte Witting. „Darüber vergehen zwei Stunden, unterdeffen können ihn hier die Füchse und anders Raubgeschmeiß schändlich anbeißen. Haben Sie etwas von Leine oder Riemen bei sich?"

Der Förster griff in seine Jagdtasche und brachte eine zusammengerollte Hundeleine zum Vorschein. „Was wollen Sie damit?" fragte er.

„Wir binden den armen Jungen auf das Pferd meines Kerls," erwiederte der alte Herr. „Wenn der sich graut, mit einer Leiche zusammen zu sitzen, mag er zu Fuß gehen und das Pferd führen. So nehmen wir sie gleich mit und bringen sie zuerst ins Gemeindehaus, damit einer erst hingeht, und die Eltern auf ihr Unglück vorbereitet. Faffen Sie an Wartmann, wir tragen ihn gleich zu den Pferden. Die Büchse ist doch nicht geladen? Wenn Sie sie mitnehmen wollen, könnte es noch ein neues Unglück geben."

„Die schöne Büchse werde ich nicht liegen laffen," verfetzte der Förster. „Sie gehört mir von Rechtswegen: Contrebande in meinem Walde. Uebrigens ist sie abgeschoffen. Er wird auf meinen Schmiebel geschoffen haben,

2*

als der ihn gestellt hat, und er spaßt nicht, der hat ihm
auf dem Fehlschuß richtiger geantwortet. Nun, gnädiger
Herr, wir wollen den August nur in Gottesnamen aufnehmen."

Sie faßten herzhaft an, der Eine bei den Schultern
der Andere bei den Beinen und drängten sich nicht ohne
Mühe durch das Gesträuch. „Es hat doch etwas grau-
siges, Wartmann, sich so mit einem Todten zu schleppen,"
sagte Herr von Witting. „In der Campagne habe ich es
wohl auch ein oder das andere Mal gethan, bei Möckern
bauten sich die Soldaten in der Nacht sogar Windschirme
aus gefallenen Franzosen, aber das sind nun schon über
fünfzig Jahre her und ich bin heute nicht mehr, wie damals: im Kriege wird man bald gegen Alles abgestumpft.
Ich könnte es meinem Kerl nicht verdenken, wenn er sich
graute, mit dem Todten zusammen zu reiten."

„Mein Bruder," sagte der Förster mit einer gewissen
Betonung, „ist nicht so weichlich, ich dächte, der gnädige
Herr kennten meinen Bruder."

„Ihr Bruder, ja so!" erwiederte Witting. „Sie hören
es nicht gern, wenn ich ihn meinen Kerl nenne. Das
müssen Sie mir nicht übel nehmen, das bin ich seit meinen jungen Jahren her gewohnt: Sie wissen am besten,
wie ich es mit ihm meine und ob er mich nicht eher unterm Commando hat, als ich ihn."

Der Förster erwiederte nichts, sie brachten eben ihre
Last in das Freie, wo der alte Reitknecht mit den Pferden

hielt und ihnen mit gespannter Erwartung entgegen sah. Als ihm sein Herr sagte, was beschlossen war, verfinsterte sich sein ohnehin schon wenig freundliches Gesicht.

„Du fürchtest Dich doch nicht, Jonas?" fragte Witting.

„Ich habe mich noch in meinem Leben nicht gefürchtet," antwortete der Diener, „aber dem Klingmüller seinen erschossenen Sohn vor die Thür bringen, möchte ich nicht gern."

„Das sollst Du auch nicht, Jonas," sagte der Förster. „Wir bringen ihn zuerst in's Gemeindehaus oder, noch besser, einstweilen auf die Waldburg — was meinen Sie gnädiger Herr? Wollen Sie ihn auf eine Stunde vielleicht beherbergen? Wenn wir ihn nach dem Gemeindehause bringen, läuft gleich das ganze Dorf zusammen und es gibt einen heillosen Tumult. Legen wir ihn aber zuerst bei Ihnen auf Ihrer Waldburg nieder, so bemerkt es kein Mensch, und ich gehe dann gleich nach der Klingmühle, ich will es übernehmen, so sauer es mir werden wird, den Jammer dort in's Haus zu bringen."

„Sie sind ein vernünftiger Mann, wissen immer den besten Rath," entgegnete Witting. „Gib mir mein Pferd Jonas, ich werde es so lange halten. Macht nun schnell ein Ende, daß wir fortkommen, seht aber, daß er auch recht fest angebunden wird. Dein Brauner scheut sich davor, ich werde ihn mit halten, gib mir die Zügel her."

Während das traurige Geschäft ausgeführt wurde,

sah sich Herr von Witting nach der Frau und ihren
Knaben um, Beide waren aber nicht mehr in der
Nähe. Den Knaben hatte, nachdem er eine Weile
nach dem Todten hingestarrt nnd zugeschaut hatte, wie die
Männer seine Wunde untersuchten, ein namenloses Grauen
erfaßt, so daß er seine Mutter umklammert und sie wei-
nend gebeten hatte, mit ihm fortzugehen. Auch sie war
heftig erschüttert nnd gab der Bitte Rudolfs nach; was
hatte sie auch noch hier zu suchen? Von dem Herrn von
Witting, der sie nicht mit einem einzigen wohlmeinenden
Worte wieder erkannt hatte, begehrte sie ja nichts und
hatte nie etwas begehrt. Sie wandte sich daher ab, führte
ihren Rudolf durch das Gebüsch nach der alten Buche
zurück, wo noch ihr Bündel lag, und trat dann, den Jonas, an dem sie vorüber mußte, mit einer stummen Kopf-
neigung grüßend, ihren Gang wieder an. Jonas sagte
ihr etwas, sie war aber zu bewegt, um darauf zu hören, antwortete ihm auch nicht, sondern beschleunigte ihren Schritt:
es war, als ob sie durch die Begegnung mit dem alten Edel-
manne und das Schreckliche, das sie nachher gesehen, neu
gestählt worden sei, Alles zu überwinden, was ihr noch
bevorstand, die Mühen des steilen Weges und das Wiedersehen, das sie an ihrem Ziele in Waldrast erwartete.

Als die Männer zum Aufbruch fertig waren, stieg
Witting wieder auf sein Pferd, Jonas aber führte das
seinige, das unter seiner unheimlichen Last äußerst unruhig
war, zu Fuß am Zügel und sein Bruder, der Förster,

ging neben ihm her. Witting ließ Beide voraus, folgte ihnen aber ziemlich dichtauf.

„Haſt Du die Frau mit ihrem Jungen nicht mehr geſehen, Jonas?" fragte er, nachdem er angeſtrengt in die Richtung hinaufgeblickt hatte, wo der ſcharf abgezeichnete Pfad ſich hier und da zwiſchen den Bäumen erkennen ließ.

„Freilich!" antwortete Jonas. „Sie iſt ſchon voraus — wird aber den nächſten Weg durch die Steinach ge= gangen ſein; ſie iſt ja hier zu Hauſe und weiß Beſcheid."

„Zu Hauſe, ja, das iſt ſie hier!" ſagte Witting ge= dankenlos. Dann wandte er ſich an den Förſter: „Was wird der alte Schubert ſagen, Wartmann?"

„Was haben S i e denn geſagt, gnädiger Herr?" entgegnete der Förſter und wäre Herr von Witting nicht ſo zerſtreut in dieſem Augenblicke geweſen, von ſeinen Ge= danken ganz in Anſpruch genommen, ſo würde er vielleicht in der Gegenfrage Wartmann's den Ton eines Vorwurfs gehört haben.

„Ich?" erwiederte er. „Was ſoll ich dazu ſagen? Ich kann ihr nicht helfen."

„Sie hat Ihnen doch aber die Nachricht gebracht daß ihr Mann —"

„Sterben müſſen wir Alle einmal!" unterbrach ihn Witting haſtig. „Ich habe ihm nie ein langes Leben prophezeiht, wie er nun einmal war, von Kindesbeinen an unbändig."

„Daß muß ich sagen!" erwiederte Wartmann trocken.

„Was meinen Sie?" fragte Witting.

„Nun ich wünsche, daß der Klingmüller die Nach=
richt, die ich ihm bringe, eben so leicht nimmt," antwortete
der Förster.

„So!" versetzte Witting mit einem Seufzer aus tief=
ster Brust. „Er wird vor ihnen schreien und heulen, das
gefällt Ihnen vielleicht besser!" Mit diesen Worten ver=
hielt er sein Pferd, winkte Jonas, der sich nach ihm um=
sah, mit Heftigkeit, daß er unbekümmert mit seinem Bruder
weiter gehen sollte, und blieb eine geraume Strecke zurück,
um nicht weiter mit den Beiden zu reden.

„Du kennst ihn schlecht, Karl," sagte der Reitknecht
zu seinem Bruder. Sie sprachen nun auf dem steiler
werdenden Pfade, da Jonas Acht auf sein Pferd geben
mußte, auch nicht mehr viel mit einander, bis sie endlich
da, wo das Thal zur engen Schlucht wurde und der
Wildbach einen jähen Sturz machte, seitwärts in einen be=
quemen Aufgang einlenkten und die weite Hochfläche er=
reichten. Hier bot sich, überraschend für jeden Fremden,
welcher durch das einsame Thal und dessen stille Abge=
schiedenheit heraufkam, eine reich angebaute Landschaft dar.
Zuerst zog eine nicht weit vom Walde entfernte Kirche
von gothischer Bauart mit einem schönen Thurme, auf
dem ein vergoldetes Kreuz prangte, die Blicke auf sich;
für eine Dorfkirche war sie zum Verwundern großartig;
ein früherer Gutsherr hatte sie bauen lassen, Einige sagten

in Folge eines Gelübdes, Andere, aus Prahlerei und weltlichen Gründen; es war derselbe Graf gewesen, von dem die Frau vorhin ihrem Knaben erzählt, daß er auch die Orgel über dem Portal und das täglich auf derselben von dem Küster für eine dazu ausgesetzte Summe zu spielende Morgenlied angeordnet hatte. Die Kirche stand nun schon zweihundert Jahre, sie war bald nach dem dreißigjährigen Kriege an Stelle einer hier gestandenen uralten Wallfahrtskapelle erbaut worden, welche entweder in diesem Kriege von wilden Soldatenhorden, oder noch viel früher im Bauernkriege, wenn nicht gar schon von den Hussiten zerstört worden war, als das ganze Land noch katholisch gewesen. Diese Kapelle hatte Mariä-Waldrast geheißen und der letztere Name, von dem der Madonna getrennt, war dann auf das Dorf übergegangen, welches fleißige Ansiedler hier gegründet hatten, als im deutschen Vaterlande wieder bessere Zeiten gekommen waren. Der Grundherr, dem die weite, noch gar nicht urbar gemachte Hochfläche damals gehörte, hatte fremde Colonisten herbeigerufen, um das Land unter den Pflug bringen zu lassen und sich selbst, nachdem das Dorf entstanden war, an dessen Ausgange, der Kirche entgegen gesetzt, ein stattliches Schloß gebaut. Dasselbe stand noch; das Geschlecht seines Erbauers war aber längst ausgestorben, der bedeutende Grundbesitz zersplittert und Schloß Waldrast mit dem Dorf und der waldumgürteten Hochfläche in keine feste Hand gekommen, sondern im Laufe der Zeit oft verkauft

worden: erst die Familie des jetzigen Besitzers, die schon
seit drei Generationen hier hauste, schien es bleibend be=
halten zu wollen. Das Dorf nahm in ziemlich gedrängter
Bauart, wie sie in alter Zeit hier landesüblich war, einen
beschränkten Raum ein, doch hatten mehrere Bauern, seit
sie freie Eigenthümer geworden, zur leichtern Bewirth=
schaftung ihrer Aecker mitten in dieselben neue Gehöfte
gebaut, deren rothe Ziegeldächer sich über das Getreide
das eben in goldenen Aehren stand, erhoben und die Land=
schaft freundlich belebten. Einen seltsamen Gegensatz zu
diesen Zeichen der neuen Zeit bildete ein alterthümliches,
graues Gebäude, das eine Strecke seitwärts von der Kirche
hart am Waldrande lag. Etwas schloß= oder burgartiges
hatte es durchaus nicht und dennoch hieß es die Waldburg,
und wenn man bedachte, daß Burg von bergen herkommt,
so führte es seinen Namen wohl mit Recht, denn bergen
konnte man in diesem festen fast unzugänglichen Gemäuer
was nur irgend der Sicherheit, des Schutzes vor fremden
Augen oder vor Gewaltthat bedurfte. In alten Zeiten
mochte sie auch Verfehmten und Geächteten zur Zuflucht
gedient haben, wenigstens wußte der jetzige Besitzer von
seinen Ahnen, welchen die Waldburg seit deren Erbauung
in uralten, nicht zu ermittelnden Tagen gehört hatte, viele
merkwürdige Geschichten zu erzählen, wie sie manchen Ver=
folgten hier eine Freistatt gewährt und ihn selbst mit be=
waffneter Hand gegen seine Feinde geschützt hatten. Da=
mals mochte die kleine Burg noch fester gewesen sein, als

jetzt, denn sie hatte einen Wassergraben gehabt, der nun längst versumpft und dann ausgetrocknet war, die Pfeiler einer Zugbrücke standen noch und ein Stück verrostete Kette hing daran. Doch auch heut' trotzten die außerordentlich dicken Mauern, in denen die Fensternischen tief eingeschnittenen Schießscharten glichen, so wie die starke mit großen Eisennägeln beschlagene Thür jedem gewaltsamen Einbruch, wenn ein solcher versucht werden sollte. Nur das hohe, steile Dach mit seiner scharfen Firste war im Laufe der Zeit etwas windschief geworden; wer aber das mächtige Sparrwerk in seinem Innern sah, an welchem ein gut Stück Waldung verschwendet war, der wußte, daß an einen Einsturz noch in langen Jahren nicht zu denken war, daß ihn wenigstens der jetzige Besitzer nicht mehr erleben konnte. Dieser war der letzte seines Geschlechts und rühmte sich, gar keine Verwandten zu haben. Er rühmte sich dessen, der abscheuliche alte Mann, zum Verdruß des ganzen benachbarten Adels, der viel auf Verwandtschaft hielt, besonders wenn es recht reiche und vornehme war, und seine Beziehungen gern auch auf den letzten Witting ausgedehnt hätte, nicht der Waldburg wegen, die mit ihren kleinen Feldmark und dem zugehörigen Vorwerke keinen hohen Werth hatte, wohl aber des Kapitalvermögens halber, das der alte Herr nach Aussage des ersten Kaufmanns und Kämmerers in der nahgelegenen Stadt, welcher seine Geldgeschäfte besorgte, zur freien Verfügung besaß. In alter Zeit, als die Grafen von Waldraft noch

blühten, waren die Wittinge, als Besitzer der Waldburg,
ihre Lehnsleute und Burgmänner gewesen; dies Verhältniß hatte sich aber nach dem Aussterben des gräflichen
Geschlechts gelöst, so daß sie freie Besitzer geworden waren.
Ihr letzter Nachkomme konnte also ohne irgend eine ver-
bindliche Beschränkung zum Erben einsetzen, wen er wollte
und man zerbrach sich in der Nachbarschaft schon die Köpfe
auf wen die Wahl des alten Sonderlings fallen würde.
Wäre er nur nicht so ganz unzugänglich für alle Freund-
lichkeiten gewesen, die man ihm gerne erwiesen hätte!
Aber er pflegte gar keinen Umgang, da er Niemand wenigstens keine Frauen, in sein Haus einladen konnte. Nicht
der Einrichtung wegen, die von Allen, welche sie gesehen
hatten, als äußerst behaglich, selbst luxuriös, wenn auch
etwas veraltet, geschildert wurde, sondern weil auch in der
ganzen Waldburg — kein weibliches Wesen selbst unter
den Dienstboten zu finden war: weder eine Wirthschafterin
noch eine Köchin, noch eine Magd! Alle Geschäfte, welche
sonst in einer wohlgeordneten Wirthschaft weiblichen Händen
zufallen, wurden auf der Waldburg von männlichen Do-
mestiken verrichtet und wie Alle, welche Gelegenheit gefunden, das zu beurtheilen, nicht schlecht, namentlich hatte
Witting einen vortrefflichen Koch. Empörend blieb es aber
doch, daß er sich in dieser auffallenden und spleenartigen
Weise vor der ganzen Gegend als Weiberfeind bekundete,
und die Waldburg wurde deshalb mit einem landläufig
gewordenen Spitznamen Kuckucksheim oder der Junggesellen-

winkel genannt. Es hatte eine Zeit gegeben, und diese war noch gar nicht so lange her, kaum zehn Jahre, wo eine Veränderung jener unnatürlichen Zustände auf der Waldburg in Aussicht gestanden hatte, das war, als der Sohn des alten Herrn noch mit seinem Vater nicht zerfallen war und viele Mütter auf ihn hofften! Nun war das aber vorbei, es war zum Bruch zwischen Vater und Sohn gekommen, man wußte — wiederum durch den indiscreten Stadtkämmerer — daß der Alte seinem Sohn das Pflichttheil, das er vom Erbe zu beanspruchen hatte, nach einer sehr liberalen Berechnung ausgezahlt und ihm zugleich sein unverbrüchliches Wort gegeben, daß er auf keinen Heller mehr nach seinem Tode zu hoffen habe; man wußte ferner, daß der alte Herr gleich darauf sein Testament gemacht und gerichtlich deponirt hatte, darüber konnte man nur Vermuthungen hegen.

Nach der Waldburg sollte nun auf den Vorschlag des Försters Wartmann der Erschossene, den er im Eberthale gefunden, vorläufig gebracht werden, und die drei Männer, als sie den Rand der Hochfläche erreicht hatten, nahmen ihre Richtung dorthin.

„Da ist sie schon!" sagte Jonas plötzlich, indem er zu seinem Herrn sich kehrend in der Richtung der Kirche hinzeigte, die sie eine ziemliche Strecke seitwärts gelassen hatten.

Witting blickte hin und erkannte die Frau mit ihrem Knaben, welche eben an der Kirche vorüberschritt.

„Nun wünsche ich ihr einen festen Muth!" sagte er zum Förster.

„Und ich Allen, die sie 'was angeht," erwiederte Wartmann, „ein gutes Herz!"

3.

Vom Thalgrunde führte noch ein näherer Pfad, als der gewöhnliche, breit ausgetretene, nach der Waldraster Halde, wie die Hochfläche von Alters her genannt wurde. Die felsige, klippenreiche Schlucht, vor welcher die Tochter des Pfarrers ihren Sohn gewarnt hatte, barg einen zwar beschwerlichen, aber doch viel näheren Fußsteig und die Frau hatte ihn auch deßhalb gewählt, um nicht von Herrn von Witting, wie es sonst unvermeidlich gewesen wäre, auf ihrer Wanderung eingeholt zu werden. Jetzt hatten sie, mit Anstrengung ihrer letzten Kräfte, den obern Ausgang der Steinach, so hieß die Schlucht, gewonnen; vor ihr lag die Waldraster Kirche, am Eingange des Dorfes ragte das Dach des Pfarrhofes über die Wallnuß= und Hirschhollun= dersträuche. Sie stand eine Weile still, um Athem und Seelenstärke zu sammeln.

„Ist das Waldrast?" fragte der Knabe. „Das ist aber schön!"

„Ja, mein Rudi!" antwortete sie mit einem schweren Seufzer. „Gott segne unsern Eingang!"

Sie nahm Rudolf bei der Hand und setzte ihren
Gang fort. Nur mit dem Gedanken an das ihr zunächst
Bevorstehende beschäftigt, der ihre ganze Seele füllte, achtete sie, an der Kirche vorübergehend, nicht auf das, was
ihr zur Seite vorging, bis sie ihr Sohn darauf aufmerksam machte.

„Sieh, Mama, da kommen die Andern auch!" sagte
Rudolf. „Sie haben den armen Mann auf das Pferd
gebunden."

Die Mutter sah hinüber und wunderte sich, daß der
Tode nach der Waldburg gebracht wurde.

„Was werden sie denn mit ihm machen?" fragte
der Knabe.

„Siehst Du das graue Haus dort? Da werden sie
ihn einstweilen hinbringen —"

„Und dann werden sie ihn wohl begraben, wie meinen Vater?"

„Sei still, Rudi!" bat die Mutter. Vor ihrem Geiste
stand ein offenes Grab im Urwalde — sie hatte es zwar
nie mit Augen erblickt, aber Alles von Kriegsgefährten
ihres Gatten so deutlich schildern hören, daß ihr der kleinste
Umstand unvergeßlich in der Seele lebte.

Nur eine kleine Strecke noch, so stand sie am Eingange des Vorgartens, welcher das Pfarrhaus von der
Dorfstraße schied. Nichts hatte sich verändert, seit sie zum
letzten Male durch diese Gitterthüre im Zaun gegangen
war: die Eintheilung der Beete, die Rabatten, die mit roth-

blühenden Bohnen bezogene Laube, Alles war noch so, wie
vor zehn Jahren. Mit klopfendem Herzen, die Hand ihres
Kindes fester drückend, nahte die Frau dem Hause, dessen
Thüre offen stand. Alles war still, Niemand bemerkte ihr
Kommen. Des Pfarrers Studirstube lag nach dem hin-
tern größern Garten hinaus, wo es stiller war und ihn
nichts störte. Als seine Tochter in das Haus trat, kam
eben aus der Küche eine alte Frau, welche bei ihrem Anblick stutzte, dann aber die Hände erschrocken zusammen
schlug. „Ach Du mein Jesus! Klärchen!" rief sie.

„Ich bin es, Marianne!" sagte Klara mit stockendem
Athem. „Wo ist mein Vater?"

„Hinten in seiner Studirstube! Aber wo kommen
Sie denn her? und der Kleine, das ist wohl —"

„Mein Sohn, Marianne, mein Letztes auf der Welt!
Laß mich aber jetzt Marianne, ich muß zu meinem Vater!"

„Ach thun Sie es doch nicht gleich!" bat die alte
Frau, indem sie den Knaben liebkoste. „Kommen Sie doch
erst zu mir in die Küche, daß wir zusammen reden können.
Ist der Herr denn auch mit gekommen? Der ist wohl
erst zu seinem Vater gegangen?

„Zu seinem Vater im Himmel!" erwiederte Klara
gepreßt. „Er ist im Kriege gefallen."

„Barmherziger Gott!" sagte die alte Dienerin. „Als
Wittwe kommen Sie wieder nach Hause?"

„Laß mich, Marianne! Halte mich nicht länger auf!
Ich leide Todesqualen!"

„O Gott, mein Gott! Glauben Sie denn, daß der Vater jetzt anders denkt?"

Klara hörte nicht mehr auf sie; mit schwankendem Schritte ging sie nach einer Thür auf der entgegengesetzten Seite des Hausflurs und klopfte leise an. Es währte eine geraume Weile, ehe sie von Innen Antwort bekam, dann aber hörte sie ein unwilliges: „Herein!"

Sie öffnete die Thüre und trat über die Schwelle. An seinem Schreibtische neben dem bis zur Decke reichen=den, mit Büchern angefüllten Repositorium saß der Vater, er war mit Schreiben beschäftigt und sah sich nicht um, sie hatte also noch einen Moment, um ihn mit thränen=feuchten Augen zu betrachten. Wie sein Bild sie begleitet hatte im Geiste, so war er noch heut. Das bleiche, aber feste Gesicht war im Ansehen nicht älter geworden; seine mar=kigen Züge hatten keinen mildern Ausdruck, wie ihn wohl das höhere Alter zuweilen bringt; die scharfe, kräftige Nase, die schwarzen, buschigen Augenbrauen, welche im Con=traste mit dem langen, schneeweißen Haar standen, das noch immer in leichtem Gelock mit unverminderter Fülle unter dem schwarzen Sammetkäppchen hervorquoll, und die gewölbte Stirn — Nichts hatte sich verändert! Die Au=gen, welche auf das Papier gesenkt waren, über welches seine große, wohlgeformte Hand die lange Gänsefeder führte, konnte Klara noch nicht sehen, sie fürchtete sich vor dem Momente, wo er sie aufschlagen und auf sie richten würde. Ohne sich zu regen, stand sie an der Thüre und harrte dieses Moments, ihr Kind hatte sich dicht an sie gedrängt und sah auf den alten Mann, vor welchem es eine unbestimmte Furcht fühlte: die Mutter hatte ihm noch nicht gesagt, was dieser Greis ihm sei.

Endlich legte der Pfarrer die Feder hin, und wandte sich auf seinem alten, lederüberzogenen Lehnstuhl langsam um und fragte mit hochgezogenen Augenbrauen: „Nun, wer ist hier? Was will man?"

Da eilte Klara zu ihm hin und sank vor ihm stumm auf die Kniee, flehentlich und mit Thränen zu ihm aufblickend; ihr Knabe stand erschrocken vor ihrem Beginnen neben ihr.

Der Pfarrer blickte sie im ersten Moment unwillig, dann aber betroffen an. „Du bist es?" fragte er mit dem Ausdrucke maßlosen Erstaunens.

„Vater! Ich bin es — Dein Kind . . ." mehr vermochte sie nicht zu sagen, aber sie hob die gefalteten Hände zu ihm empor.

„Steh' auf!" sagte er streng, und sie gehorchte. „Was willst Du?" fragte er, weder heftig noch hart, aber sein Ton ging ihr, all' ihre Hoffnungen vernichtend, durch die Seele.

„Ich komme zu Dir zurück, Deine Verzeihung zu erflehen! Mein Mann ist im Kriege gefallen . . ."

„In welchem Kriege?" fragte der Vater unbewegt „In Amerika wohl?"

„Er führte dort ein Regiment von Deutschen, er hat ruhmvoll gekämpft!" sagte die Frau, das Andenken ihres Gatten gegen die geringschätzige Frage vertheidigend.

„Und Du kommst nun als Bettlerin zurück!" versetzte der Pfarrer.

„O nein, mein Mann hat mir doch so viel hinterlassen, daß ich die Rückfahrt bezahlen konnte und noch einen Nothpfennig übrig habe. Ich werde mich der Arbeit nicht schämen."

„Wo willst Du nun bleiben?" fragte der Vater in dem vorigen Tone.

Sie sah ihn an, ihre Augen füllten sich wieder mit Thränen, eine Antwort vermochten ihre zitternden Lippen nicht zu geben. Mit bebender Hand drückte sie ihr Kind an sich.

„Bei mir kannst Du nicht bleiben," fuhr der Vater fort, ohne sich durch ihre stumme Bitte rühren lassen. „Du hast mein Haus heimlich verlassen und es bleibt nun auf immer verschlossen für Dich. Geh' nach der Stadt; wenn Du ehrlich arbeiten willst, da wirst Du schon Arbeit finden."

„Vater!" rief sie mit herzzerschneidendem Laute, die Hände zu ihm aufhebend.

„Ich bin kein schwankendes Rohr, das sich vor jedem Luftzuge beugt," sprach er, indem er einen Schritt zurück trat. „Was ich jetzt und heute gesagt, das gilt für morgen und alle Zeit."

„Gut, Vater!" sagte sie schmerzlich. „Ich werde ge-

3*

hen — aber gib mir nur einen Trost: Deine Verzeihung.
Ich habe ja so bitter bereut und gebüßt, was ich in un-
glücklicher Verblendung gethan habe."

„Hast Du Reue gefühlt und Buße gethan," erwiederte der Pfarrer, „so wird es Dir zum Heile gereichen.
Verzeihen mag Dir Gott! — In meinem Hause kannst
Du nicht bleiben, auch nicht für eine Nacht; Marianne
soll Dir Speis und Trank reichen. — Das ist Dein Sohn?"
fragte er, den Knaben jetzt erst in das Auge fassend; Rudolf fürchtete sich vor diesen großen, hellblauen Augen, die
sich fest und ohne einen Schimmer von Freundlichkeit auf
ihn richteten.

„Mein Sohn — Dein Enkel . . ." sagte Klara
mit bitteren Gefühlen.

Der Vater ging nach der Thüre und rief seine
Haushälterin herein, Marianne heftete einen ängstlich fra-
genden Blick auf die Tochter ihres Herrn, was sie aber
sah, bestätigte nur die Meinung, die sie schon vorher gefaßt hatte. „Marianne, nimm die Beiden mit in Deine
Stube und gieb ihnen zu essen," befahl der Pfarrer. „Sie
werden bis morgen in Waldrast bleiben; geh' nach der
Klingmühle und frage die Müllerin, ob sie ihnen für eine
Nacht Herberge geben will."

„O Vater, nein, nein!" rief Klara. „Schicke mich
lieber hin, wo es auch immer sei. In der Klingmühle ist
heut Gram und Elend. Der Sohn ist draußen im Walde
erschossen worden."

Marianne stieß einen Laut des Schreckens aus; auch der Pfarrer war über diese Nachricht erschrocken.

„Wer hat Dir das gesagt?" fragt er.

„Ich habe ihn selbst gesehen," erwiederte Klara. „Der Förster hat ihn todt im Eberthale gefunden."

„Der wird ihn erschossen haben als Wilddieb!" rief die Haushälterin. „Ich habe den August schon ein paar- mal Abends in der Dämmerung vorbei gehen sehen und das eine Mal deutlich erkannt, daß er eine Flinte unter den Rock geknöpft hatte. Du barmherziger Gott, daß er ein solches Ende nehmen mußte."

„Der Förster hat keine Schuld an seinem Tode," sagte Klara. „Sein Hund fand ihn im Gebüsch und bellte fürchterlich, der Förster ging nachzusehen und rief dann erschrocken den Herrn von Witting dazu." Bei dem Na- men stockte sie einen Moment, als werde es ihr schwer, denselben auszusprechen.

„Und du warst bei all' dem zugegen?" fragte der Pfarrer, die Augenbrauen zusammenziehend. „Den Herrn von Witting hast Du also auch schon gesehen?"

Sie schlug die Augen nieder, es zuckte ihr schmerzlich um den Mund. „Ich bin mit der Post bis Helmkirchen ge- fahren," sagte sie. „Dort stieg ich aus und ging mit meinem Kinde durch das Waldraster Thal herauf. Da traf ich die Männer und wurde denn auch eine Zeugin des schrecklichen Unglücks."

„Den Herrn von Witting hast Du also gesehen!"

wiederholte der Pfarrer seine vorige Aeußerung. „Wie benahm er sich gegen Dich?"

„Er kannte mich zuerst nicht wieder . . . . ."

„Und dann —?" fragte der Pfarrer scharf.

„Dann . . . wurde er abgerufen, als der Förster den unglücklichen Menschen gefunden hatte."

Der Vater schwieg eine Weile, in seinen strengen Gesichts= zügen hätte auch der schärfste Beobachter nicht lesen können, was in seiner Seele vorging. „Nach der Klingmühle kannst Du jetzt freilich nicht gehen," sagte er dann. „Nimm die Beiden mit Dir, Marianne, und gib mir dann meinen andern Rock ich werde ihnen selbst ein Unterkommen suchen. Auch nach der Klingmühle will ich gehen, sie werden des Zuspruchs bedürftig sein."

„Aber, Hochwürden —" wagte Marianne einen Ein= spruch gegen den harten Beschluß ihres Herrn, der Tochter die Aufnahme in seinem Hause zu verweigern. Er errieth aber ihre Absicht und ließ sie nicht zu Worte kommen. „Thu', wie ich Dir gesagt habe!" unterbrach er sie, und die alte Frau ging traurig hinaus; schweigend folgte ihr Klara mit ihrem Knaben, der zwar nichts von Allem, was hier gesprochen worden war, verstanden, doch aber das ängst= liche Gefühl hatte, daß seiner Mutter ein Leid geschehe und nun froh war, von dem alten bösen Mann fort zu kommen.

Als die Thüre sich hinter ihnen geschlossen hatte, schien die gerade und feste Haltung, zu welcher der Pfarrer seine große Gestalt aufgerichtet, merklich einzusinken; er ging mit unsichern Schritten nach seiner Schlafkammer, die an die Studierstube stieß und riegelte sich ein. Was er nun doch gefühlt und wie er gerungen, das hat nur der Allgegenwärtige und Allwissende erkannt! Die Haushälterin, welche ihm nach einer Weile Rock, Hut und Stock brachte, mußte zweimal anklopfen, ehe er öffnete, dann aber konnte sie an ihm keine Veränderung bemerken.

„Hast Du vielleicht gehört, was mit der Leiche geschehen ist?" fragte er. „Ob sie dieselbe schon nach der Mühle gebracht haben?"

„Nach der Waldburg haben sie den Todten gebracht," antwortete Marianne und erzählte, was sie durch ausführliche Fragen über den Hergang im Walde erfahren hatte. Der Pfarrer schüttelte ein paarmal den Kopf, und sagte aber nichts dazu. Die alte Frau faßte sich dann ein Herz, um nochmals auf die Gefahr, den ganzen Unwillen ihres Herrn auf sich zu ziehen, ein gutes Wort für die Tochter einzulegen. — „Sie sollten Klärchen mit ihrem Kinde doch im Hause behalten!" sagte sie. „Ihr thut Alles so leid, sie weint so sehr! Klärchen bleibt doch immer Ihre Tochter, Hochwürden! Was müssen die Leute davon denken, wenn sie nun aus dem Hause gestoßen wird."

Der Pfarrer wurde nicht böse, wie sie gefürchtet hatte; er antwortete im Gegentheil sanfter, als sie ihn in langer Zeit gehört: „Was ich thue, das habe ich nur gegen meinen Herrgott und bei meinem eigenen Gewissen zu verantworten, nicht bei den Leuten. Aus dem Hause gestoßen wird sie nicht, sie hat sich selbst daraus verbannt."

Er verließ das Haus und seine Tochter sah ihm traurig nach: ihre Hoffnungen, daß er milder geworden, durch ihre Reue versöhnt, sie wieder aufnehmen werde, waren vernichtet. Wie demüthig hätte sie ihm dienen, wie treu ihn pflegen wollen! Er war doch recht alt geworden; sein Gang fiel ihr auf, als sie ihn durch das Vorgärtchen schreiten sah. .

„Ach nein!" sagte Marianne, zu der sie sich darüber äußerte. „Er geht sonst immer noch so fest und rasch, wie früher. Ich sehe heut zum ersten Male, daß er matter auftritt. Es ist ihm doch wohl zum Herzen gegangen und es wird schon noch Alles gut werden."

Als der Pfarrer in die Dorfstraße einbog, war er einen Augenblick zweifelhaft, ob er seiner Tochter nicht im Hause des Küsters, das ganz nahe lag, ein Unterkommen für die Nacht bereiten solle, aber er verwarf diesen Gedanken, der ihm schon daheim gekommen war, zum zweiten Male. Das Haus stand ihm zu nahe und der Küster auch. Mitten im Dorfe wohnte ein Obsthändler, der ein sehr sauberes Gehöft hatte, dort wollte er anfragen, die Frau des „Oebsters" war freundlich und gutmüthig, eine abschlägige Antwort daher nicht zu erwarten.

Er schritt wirklich langsamer als sonst durch das Dorf, deßhalb holten ihn auch zwei Männer ein, welche aus einer Seitengasse kamen: es war der Förster Wart-

mann mit seinem Bruder. Jonas hatte ihn auf sein Ver-
langen begleiten müssen, es wäre ihm zu schwer geworden,
mit der Unglücksbotschaft allein in der Klingmühle zu er-
scheinen. Sie grüßten den Pfarrer und dieser redete den
Förster an, um ihn nach dem traurigen Vorfall und seiner Meinung, wer wohl den Armen erschossen haben könne,
zu fragen.

„Ja, Herr Pastor, das muß ganz eigen zusammen-
hängen,“ erwiederte Wartmann. „Ich dachte erst, mein
Schmiedel, der scharf wie der beste Solofänger ist, wäre
es gewesen, der August wäre von ihm beim Wildraub betroffen worden und hätte sich zur Wehr gesetzt, vielleicht
auf ihn geschossen, da sein Gewehr, das bei ihm im Grase
lag, abgedrückt war. Aber Schmiedel ist es nicht gewesen,
ich kenne den Burschen zu genau; er sah mir so treuherzig in die Augen, als er sich feierlich verschwor, daß er
nichts damit zu thun gehabt. Zwei Schüsse hat er allerdings im Walde gehört, als er vor Tage draußen gewesen,
aber er war sehr weit von der Gegend, wo sie gefallen
sein mußten, und sein Absuchen, an das er sich gleich machte,
hatte zu nichts gerührt. Ich schalt ihn, daß er mir nicht
Meldung davon gemacht habe, er sagte aber, daß er erst
eine sichere Spur habe entdecken wollen, damit er sich bei
mir Ehre einlege. Damit ist es nun vorbei. Sie gehen
wohl auch nach der Klingmühle, da Sie die Sache schon
wissen? Ich kann mir auch denken, durch wen.“

„Am Ende wäre unser Gang dann unnütz," sagte Jonas, der sehr froh gewesen wäre, davon entbunden zu sein. „Der Herr Pastor würden den armen Leuten viel schöner als wir, Alles sagen."

„Nein, Jonas, ich werde erst später nach der Mühle kommen," entgegnete der Pfarrer. „Geht nur in Gottesnamen hin, es ist gut, wenn sie es so bald als möglich erfahren. Ich habe noch im Dorfe zu thun, haltet Euch also bei mir nicht auf."

Sie folgten dieser Weisung, der Förster aber sagte: „Er will nicht von seiner Tochter reden hören. Die hat ihm natürlich erzählt, daß sie dabei gewesen und daß sie uns gesehen hat. Nun denkt er, ich werde mit ihm anfangen über die Tochter zu reden und das ist ihm verdrießlich."

„Du hast auch schon angefangen, Karl!" versetzte Jonas. „Ich sah, daß es ihm nicht recht war. Du kannst aber nichts auf dem Herzen behalten."

„Ich müßte auch kein rechter Jägersmann sein, wenn ich wie die Katze um den heißen Brei gehen könnte," entgegnete Wartmann. „Hätte ich Deinen Posten, so würde ich meinem gnädigen Herrn von Witting meine Meinung ehrlich sagen. Es ist ja doch zu arg."

„Du weißt ja nicht, was ich gethan habe und noch thun werde," erwiederte Jonas.

„Recht so! Nur deutsch, ganz deutsch! Er ist ein guter Mann, aber stätisch, wie ein verrittenes Pferd. Sag'

ihm nur, daß es, er mag sich noch so sehr wehren, immer
seine Schwiegertochter ist und der hübsche Junge das Kind
seines Sohnes! Er wird Dich ja nicht gleich verschlingen,
wie der Wallfisch in der Bibel den Propheten, Deinen
Namensvetter!"

4.

Durch das Dorf kam den Brüdern ein großer, statt-
licher Mann entgegen; es war der Gutsherr von Waldrast, dessen Edelhof und Schloß am obern Ende des
Dorfes lagen. Die Bezeichnung Edelhof paßte übrigens
nicht mehr, da der jetzige Besitzer, dessen Großvater schon
Waldrast gekauft hatte, bürgerlich war: ein Rittergut blieb
es aber darum doch und der Gutsherr hatte auf den Land-
tagen als Mitglied der Ritterschaft Sitz und Stimme.
Die Brüder grüßten ihn, er erwiederte es, wie seine Art
war, mit einem muntern Scherz, offenbar wußte er noch
nichts von dem Vorfall, der den Förster nach der Klingmühle führte, sonst würde er ihn angeredet haben. Sie
hielten sich auch nicht auf, um es ihm zu erzählen, das
konnte der geistliche Herr thun, der in einiger Entfernung
hinter ihnen her kam.

Der Pfarrer stand, in seiner Hoffnung getäuscht vor
dem Hause des Obsthändlers: dieser war mit seiner Frau
verreist und kam erst morgen wieder, es mußte also für
Klara anderweitig gesorgt werden und blieb dazu doch wohl

nur das Haus des Küsters übrig; bei einem Bauer konnte der Vater sie doch nicht unterbringen, wie wenig er auch zu fürchten hatte, daß Jemand wagen würde, ihm deßhalb in's Gesicht Vorwürfe zu machen. Als er eben umkehren wollte, um mit seinem Küster Rücksprache zu nehmen, sah er den Gutsherr kommen und wartete ihn ab, es wäre zu auffällig gewesen, wenn er ihn nur von Weitem gegrüßt und dann den Rücken gekehrt hätte.

„Guten Morgen, Herr Pastor;" rief ihm der Kommende zu. „Wollen Sie Jahn sprechen? Der ist zu Markt."

„Guten Morgen, Herr Kunold," erwiederte der Pfarrer. „Ich hatte in der That ein Geschäft mit ihm, es läßt sich aber auch anderweit abmachen."

„Ich war auf dem Wege zu Ihnen, wir gehen zusammen," sagte Kunold. „Sie sehen mir heut gar nicht recht wohl aus, lieber Herr Pastor: fehlt Ihnen auch einmal etwas? Die ältesten Leute in Waldrast entsinnen sich nicht, Sie jemals krank gesehen zu haben."

Der Pfarrer hatte keine Gründe, Kunold zu verschweigen, was dieser doch bald erfahren mußte. „Ich bin nicht körperlich heimgesucht worden," erwiederte er, während Beide zusammen weiter gingen. „Meine Tochter ist wieder gekommen."

Kunold blieb überrascht stehen. „Ihre Klara?" rief er mit dem größten Antheil.

„Sie ist Wittwe, ihr Mann hat im amerikanischen Kriege seinen Tod gefunden," antwortete der Pfarrer.

„Danken sie Gott, daß Sie Ihr Kind wieder haben!" sagte Kunold. „Mit dem Manne ist sie wohl nicht glück= lich gewesen, wie sein eigener Vater gegen mich zugestan= den hat. Es hätte Alles anders und besser kommen müssen, lieber Herr Pastor, wenn es nach unsern Wün= schen gegangen wäre: mit meinem Paul wäre sie schon glücklich geworden!"

„Gottes Zulassung hat es anders gefügt," erwiederte der Pfarrer.

„Sie wird nun bei Ihnen bleiben? Hat sie Kinder?" fragte Kunold.

„Einen Knaben. Bei mir bleiben kann sie aber nicht," sagte des Pfarrer. „Das hat sie verwirkt. Sie wird morgen in die Stadt ziehen. Ich wollte ihr eben bei Jahn's ein Nachtquartier verschaffen, werde aber schon ein anderes für sie finden."

Der Gutsherr, wie freimüthig ,er sonst auch war, sprach die Gedanken, welche er bei dieser Mittheilung hatte, doch nicht aus; Pfarrer Schubert war in seinen Ansichten unerschütterlich, das wußte er schon, er hatte ja in der ersten Zeit nach Klara's Entfernung mehrmals versucht, mit ihm darüber zu sprechen und ihn versöhnlicher zu zu, stimmen. war aber stets zurückgewiesen worden.

„Wenn sie durchaus nicht bei Ihnen auch nur für eine Nacht bleiben kann," sagte er, „so geben Sie Klara zu uns. Meine Frau wird sie wie eine Tochter aufnehmen; Sie wissen ja, daß ihr Keine als Tochter lieber gewesen wäre."

Der Pfarrer besann sich eine Weile, offenbar war ihm der Vorschlag überraschend. „Sie sind sehr freundlich, Herr Kunold," sprach er dann. „Daß ich meinerseits Ihren Paul als meinen Schwiegersohn willkommen geheißen hätte wissen Sie ja auch. Das bethörte Mädchen ließ sich von einer glänzenden Außenseite blenden und zum schweren Vergehen hinreißen. Wollen Sie ihr heut in Ihrem Hause eine Nachtruhe gönnen, so nehme ich es dankbar an; sie kann dann sobald als möglich auf das Schloß übersiedeln. Sind sie aber auch gewiß, daß Ihr Sohn nicht durch Zufall heut nach Waldraft geführt werden kann?"

„Das wäre mehr als Zufall, das wäre Bestimmung!" antwortete Kunold. Er wollte noch mehr sagen, der strenge Blick des Pfarrers verhinderte ihn aber daran und er setzte nur hinzu: „Paul ist, wie er mir vor Kurzem geschrieben, gerade jetzt so mit Amtsgeschäften überladen, daß er in den nächsten Wochen nicht daran denken kann, Urlaub zu nehmen. Die Verbrechen haben sich in letzter Zeit so vermehrt, daß er als Staatsanwalt gehörig in Athem erhalten wird."

„Haben Sie denn von dem Verbrechen gehört, das in voriger Nacht bei uns begangen worden ist?" fragte der Pfarrer. Dem Gutsherrn zuckte es über das Gesicht, doch verneinte er die Frage.

„Der Sohn des Klingmüllers ist erschossen worden," sagte der Pfarrer.

„Von wem?" rief Kunold bestürzt. Es war auch bei ihm die natürliche Frage, welche unbeantwortet bleiben mußte, da sich bis jetzt nicht einmal eine Vermuthung über den Thäter gefunden hatte.

„Das ist ja schrecklich! Der hübsche junge Mensch, die Freude seiner Eltern!" sagte Kunold. „Daß er ein Wilddieb gewesen sein soll, ist mir ganz unbegreiflich, doch war er ein leidenschaftlicher Jäger und schoß vortrefflich, ich habe ihn immer zu meinen Jagden eingeladen, da er mit meinem Hugo befreundet war und ich immer hoffte daß er einen guten Einfluß auf diesen haben werde. Des Hugo wegen wollte ich eben zu Ihnen kommen, ich weiß mir mit dem Jungen keinen Rath mehr — auch die Mutter, auf die er sonst hörte, weiß nichts mehr mit ihm anzufangen! Darüber wollte ich mit Ihnen reden, indessen hat das keine Eile, ich habe zu viele andere Dinge jetzt gehört, daß ich kaum noch an meine eigenen Angelegenheiten denken kann. Ich werde also nun wieder nach Hause gehen und meiner Frau sagen, auf welchen lieben Gast sie sich einzurichten hat; auch will ich ihr das Unglück mit dem jungen Heilmann erzählen. Ein so vorzüglicher junger Mensch und so gebildet! Was wird mein Hugo dazu sagen! Vielleicht macht es doch auf ihn einen erschütternden Eindruck und bringt ihn zur Besinnung über sein nutzloses Leben!"

„Dazu verleihe Ihnen der Herr seinen Segen!" erwiederte der Pfarrer, als Kunold ihm die Hand zum Abschied reichte. „Wir sprechen darüber noch mehr, ich werde Ihnen aber auch keinen andern Rath geben können, als Strenge, unerbittliche Strenge gegen ihn zu üben."

„Strenge verfehlt auch oft ihr Ziel und hindert Vergehen nicht!" warf Kunold flüchtig hin; der Pfarrer konnte es, wenn er wollte, für einen Hinweis auf sein eigenes Hausregiment halten. So trennten sie sich und Jeder ging seines Weges in entgegengesetzter Richtung.

Der Gutsherr, als er nach Hause kam, fand seine Frau in Thränen, welche sie bei seinem Eintritt zu verbergen suchte. „Warum weinst Du, Pauline?" fragte er. „Doch nicht wieder um Hugo?"

„Um wen anders!" klagte sie, indem sie ihre Thränen trocknete. „Er hat sich wieder eine Eigenmächtigkeit erlaubt, hat den Schäfer in den Wald treiben lassen und ist jetzt auf Deinem Rappen, den er sich selbst gesattelt, wie ein Rasender vom Hofe durch die Allee hinausgesprengt, daß die Leute entsetzt dem wilden Ritte nachgeschaut haben. Ich konnte ihn sonst mit Liebe und Freundlichkeit lenken, jetzt ist das schon seit Wochen vorüber und heut sagte er mir geradezu, daß er ein verlorener Mensch sei, dem eine Kugel durch den Kopf die größte Wohlthat wäre!"

„Mit Liebe und Freundlichkeit, wie Du gesehen hast, ist bei ihm nichts auszurichten," sagte der Vater, welcher bei den Klagen seiner Frau schwer geseufzt hatte. „Wir haben uns Beide Vorwürfe zu machen mit unserer Erziehung. Du liebtest ihn immer mehr, als unsern braven

Paul, der uns keine trübe Stunde gemacht hat, und ich war auch zu schwach, um seiner unbändigen Natur, die sich schon sehr früh zeigte, mit Energie entgegen zu treten so lange es noch Zeit war. Nun ist es zu spät und eine unerbittliche Strenge die mir gerathen wurde, möchte ihn nur zu Gewaltthätigkeiten reizen. Es wird nichts anderes übrig bleiben, um unsern Hausfrieden zu retten, als daß wir uns von ihm trennen."

„Das ist doch dein Ernst nicht, Kunold?" rief die Frau erschrocken.

„Mein vollkommener Ernst, Pauline!" versicherte er. „Ich ging, Pastor Schubert deßhalb um seinen Rath zu fragen, traf ihn aber im Dorfe und hörte von ihm so wichtige Nachrichten, daß ich meine Absicht für heute aufgab."

Sie hörte kaum auf die letzten Worte. Was wäre ihr wichtiger gewesen, als die Sorge um ihren Liebling, denn das war ihr jüngster Sohn, sie konnte es nicht läugnen und liebte ihn um so zärtlicher, als seine Sinnesart früh oder spät für ihn zum Unglück werden mußte.

„Aber, Kunold," sagte sie, „Hugo soll aus dem Hause? Was willst Du denn thun, um ihm eine selbstständige Stelle zu verschaffen? Willst Du ihm ein Gut kaufen oder Capital in die Hände geben? Ich bitte Dich, thue es nicht, ich sehe nur schlimme Folgen für ihn!"

„Noch habe ich es mir nicht überlegt, was das Beste sein wird," entgegnete er. „Aber daß es so nicht länger fortgehen kann, sehe ich ein: Schlimmeres, als wir hier zu befürchten haben, kann nicht daraus entstehen.“

„Aber hier muß er doch noch Rücksichten nehmen, auf Dich, weil er sich doch vor Dir fürchtet, und auch auf mich. Draußen fällt das fort; er hat ja oft genug erklärt, daß ihm die Meinung der Menschen höchst gleichgültig sei, er wird ganz den Anwandlungen seines Temperaments folgen! Ich dächte, wir hätten es schon erlebt, was aus ihm wird, wenn er sich selbst überlassen bleibt. Wie verwildert kam er von den Jägern zurück, als er dort sein Jahr abgedient hatte!“

„Das beweist nur,“ versetzte Kunold, „daß sein Hauptmann es nicht verstanden hat, den Herrn Freiwilligen in Zucht und Ordnung zu halten! — Hat er Dich für sein gestriges unverschämtes Betragen, wie ich von ihm verlangt habe, um Verzeihung gebeten, hat er Dir gesagt, wo er die ganze Nacht gewesen ist?“

„Nein!“ erwiederte die Mutter kleinmüthig.

Es trat eine Pause ein. Der Vater wollte das Gespräch abbrechen und fragte nach einer Weile ohne jeden Uebergang: „Weißt Du schon, daß in dieser Nacht der junge Heilmann erschossen worden ist?“

„Um Jesu Christi Willen!“ schrie die Frau auf — er ahnte nicht, was in diesem Momente ihr Mutterherz, das nur immer den einen Gedanken hatte, mit Entsetzen füllte . . .

„ Ja, es ist ein schreckliches Unglück für die armen

Eltern," fuhr er fort. „Ich begegnete dem Förster, der hat ihn unten im Eberthale erschossen gefunden und meint, daß er auf unrechten Wegen sein Ende gefunden habe. Bei ihm hat ein abgeschossenes Jagdgewehr gelegen, der Förster zweifelt keinen Augenblick, daß er auf Wilddiebstahl ausgegangen sei — ich kann das noch nicht glauben. Wenn er sich aber das hat zu Schulden kommen lassen, so ist es nicht das erste Mal gewesen und ich weiß auch, wer ihn dazu verführt hat: ich kann Dir nicht helfen, Pauline."

„Erbarme Dich!" rief sie trostlos.

„Ich will nicht sagen, daß sie so gemein gewesen sind, das Wild, das sie geraubt, zu verkaufen — o nein! Es ist nur die Lust an der freien Jagd, die sich an keine Grenze kehrt, auch die Lust an der Gefahr gewesen, welche sie auf gesetzlose Wege geführt hat."

„Du hast doch aber keine Beweise, Kunold!" rief die Mutter außer sich. „Willst Du Dein eigenes Kind zum Verbrecher stempeln?" Sie starrte ihn so entsetzt an, daß er einlenkte.

„Gott soll mich davor behüten!" sagte er. „Es war ja nur eine Möglichkeit, die ich mir dachte. Viele Cavaliere gibt es, welche diese freie Jagd für kein Verbrechen ansehen — ich habe in früheren Jahren selbst Offiziere gekannt, die sich kein Gewissen daraus machten, dem Förster auf königlichem Revier einen Hirsch vor der Nase weg zu knallen und insgeheim an arme Leute zu verschenken. Das Jägerbataillon, in welchem Hugo seiner Mili-

4*

tärpflicht genügte, aus lauter gelernten Forstleuten beste-
hend, hat es so arg getrieben, daß es aus der wildreichen
Gegend, wo es seine Garnison hatte, in eine andere von
weniger Verführung versetzt worden ist. Der Förster
Wartmann kann sich ja auch in seiner Annahme geirrt
haben, da er allerdings gar keine Beweise dafür hat. Die
Untersuchung wird vielleicht die Sache aufklären, es ist mir
aber lieb, daß Paul nicht in unserm Gerichtsbezirk Staatsanwalt ist und die Untersuchung einleiten muß. Lassen
wir die traurige Geschichte; ich habe Dir noch etwas Anderes zu erzählen. Klara Schubert ist wieder gekommen.“

„Klara?“ rief Frau Kunold überrascht. — „Allein?“

„Mit einem Knaben, aber als Wittwe. Ihr Mann
ist im amerikanischen Kriege geblieben.“

„Sie ist also wieder bei ihrem Vater?“ fragte Frau
Kunold lebhaft. „Er hat ihr verziehen?“

„Davon ist noch keine Rede, Du kennst ihn ja,“ erwiederte er. „Sie ist in diesem Augenblick bei ihm, aber
er will sie auch nicht für eine Nacht im Hause lassen.
Denke Dir, er war beim alten Jahn, um sie dort einzu-
quartieren bis morgen, wo sie nach der Stadt ziehen soll!“

„Der harte, unbeugsame Mann!“ sagte Frau Kunold.

„Seine Strenge gegen das eigene Kind übersteigt.
freilich unsere Begriffe, Pauline!“ erwiederte der Mann
„Ich traf ihn vor Jahn's Hause, der war mit der Frau
auf den Markt gefahren; der Pastor erzählte mir, was
er beabsichtigt hatte und wollte ihr nun ein anderes Nacht-

lager verschaffen. Ich habe ihm angeboten, daß sie zu uns kommen soll!"

„Das hast Du recht gemacht!" rief die Frau. „Er hat es doch nicht abgeschlagen?"

„Nein, er hat es angenommen — eigentlich zu meiner Verwunderung. Er fragte nur, ob Paul nicht etwa zwischen Heut und Morgen zu uns kommen könnte: ich beruhigte ihn darüber."

„Wäre das ein Unglück?" entgegnete sie, deren Gedanken schon einen weitern Flug nahmen.

„Nun, Pauline, angenehm könnte dies Zusammentreffen für beide Theile nicht sein," erwiederte er.

Sie sah ihn an, als ob sie darauf etwas entgegnen wollte, aber sie sagte nichts. „Du kannst sie jeden Augenblick erwarten," fuhr er fort, „denn der alte Herr wird ihren Aufbruch wohl betreiben. Morgen wird sie dann nach der Stadt abreisen, wo sie ihre bleibende Wohnung nehmen soll."

„Davon ist keine Rede!" versetzte Frau Kunold. „Wenn sie einmal bei uns ist, soll es nicht bloß auf eine Nacht, wie in einer Herberge, sein, sondern sie soll länger bei uns bleiben, das kann ihr der hartherzige Vater doch nicht verwehren. Sie braucht ihm ja nicht in den Weg zu kommen. Ich habe so viel mit ihr zu sprechen, sie soll mir Alles erzählen, wie es gekommen ist, daß sie unsern ehrlichen Paul, der sie so treu liebte, auf einmal aufgab — ich kann mir nicht denken, daß sie es nur gethan hat, um Frau von Witting zu werden, oder gar, daß sie jenem herzlosen Menschen wirklich gut gewesen ist."

„Nun, er war doch ein sehr hübscher, flotter Kerl," sagte er. „Und die Husaren-Uniform that auch etwas dazu, liebes Kind. Du warst auch nicht böse, Paulinchen, wenn Dich auf den Bällen die Lieutenants umschwärmten und ich glaubte eine Zeit lang, daß ich von Dir ganz entschieden einen Korb bekommen würde. Zum Glück dachtest Du solide."

„Du thust mir Unrecht, ich habe Dich immer lieb gehabt und keinen Andern," erwiederte sie. „Jetzt will ich aber für die arme Klara und ihr Kind eine Stube zurecht machen lassen, damit sie schon Alles bereit findet. Wirst Du nicht nach der Mühle gehen und den unglücklichen Eltern unsere Theilnahme bezeugen?"

5.

In geringer Entfernung vom obern Ende des Dorfes lag zwischen den Feldern ein Teich, der nicht von großem Umfang, aber ziemlich tief und sehr fischreich war, seinen unterirdischen Zufluß hatte und sein überflüssiges Wasser durch einen tiefeingeschnittenen, von Haselnußsträuchern umsäumten Graben dem Waldraster Bach zuführte. An diesem Abfluß, da wo er den Teich verließ, stand eine Mühle, ein großes stattliches Haus mit mehreren Nebengebäuden, man sah dem ganzen Gehöft den Wohlstand seiner Bewohner an. Dasselbe, nebst der Fischerei im

Teich, war schon seit langer Zeit einem der Vorfahren des jetzigen Klingmüllers in Erbpacht gegeben und die Bedingungen, welche damals ganz angemessen gewesen sein mochten, seitdem nicht geändert worden, obgleich die jetzigen Verhältnisse des Grundbesitzes und Gewerbes eine dreifache Erhöhung gerechtfertigt hätten. Der alte Contract war so fest verclausulirt, daß eine Steigerung der Pacht, auch wenn sie von dem Rittergut, zu dem die Klingmühle gehörte, beabsichtigt worden wäre, ganz unmöglich war und ein angestrengter Proceß nur zum Vortheil des Müllers ausschlagen konnte. Das hatten die wechselnden Besitzer von Waldraft auch eingesehen und wenn sich Mancher auch über die lächerlich niedrigen Pachtbedingungen geärgert hatte, gar keinen Versuch gemacht, jene Bedingungen umzustoßen. Von den Kunold's, die nun schon, wie gesagt, in dritter Generation auf Schloß Waldraft saßen, war aber eine Mißgunst garnicht zu fürchten gewesen.

Der jetzige Klingmüller hatte nun auch gehofft, die Mühle, die nur noch dem Buchstaben nach zum Rittergute gehörte, thatsächlich aber so gut wie sein Eigenthum, nur unverkäuflich, war, auf seinen einzigen Sohn zu vererben und dieser war ihm nun durch einen schrecklichen und geheimnißvollen Tod entrissen worden. Nichts ahnend, war er den Brüdern Wartmann, als er sie kommen sah, entgegen gegangen. Es war gut, daß nicht der Förster allein gekommen war, dem würde es trotz alles Vornehmens nicht möglich gewesen sein, das Unglück dem armen Vater

anders, als mit geradem Wort beizubringen: Jonas war
im Herrendienste schon mehr der Rede mächtig geworden,
als sein Bruder, welcher einen großen Theil seines Lebens
im schweigenden Walde zugebracht und hier, wie er selbst
sagte, das Reden beinahe verlernt hatte. Dem Jonas
wurde es daher leichter, mit einiger Schonung dem Müller
seinen schrecklichen Verlust zu sagen; aber was halfen die
geschickten Worte, da sie doch mit dem grausamsten endi-
gen mußten! Der Müller stand wie zu Stein erstarrt, er
wurde tobtenblaß und wäre vielleicht, wie vom Schlagfluß
getroffen, zu Boden gestürzt, der starke Mann, wenn ihn
nicht der Förster unterstützt hätte. Er war völlig der
Sprache beraubt, wohl auch seiner Sinne nicht mächtig,
denn seine Augen stierten ins Leere und ein schreckliches
Lächeln, vor welchem Wartmann graute, machte sich auf
seinem Gesichte bemerkbar. Als ihm aber die Brüder
Trost zusprachen, kam er auf einmal zur Besinnung und
schien sich wunderbar schnell zu fassen. „Ich danke Euch!"
sagte er. „Ich danke Euch recht sehr! Was geschehen ist,
läßt sich nicht ändern, ich werde es meiner Frau selber
beibringen. Wo habt Ihr ihn?"

Jonas berichtete ihm, wohin sie den Tobten einstweilen gebracht hatten. Jetzt liefen doch dem Müller die
hellen Thränen über die Backen, er wischte sie aber mit
der verkehrten Hand ab und sagte, wenn auch mit halb-
erstickter Stimme: „Ich werde gleich mit dem Wagen
kommen, ihn abzuholen." Dann reichte er Beiden die Hand

und sie traten mit schwerem Herzen den Rückweg nach
der Waldburg an, während der Müller seine Frau in
ihrer Stube aufsuchte, um ihr zu sagen, daß sie nun kin-
derlos seien. Viel Umstände zu machen, war seine Art
nicht; sie sah schon an seinem Gesicht, daß ein großes
Unglück geschehen sei, und ihre erschreckte Frage erhielt
denn auch gleich die erschütternde Antwort. Die Frau
besaß die Seelenkraft nicht, die er bewies; sie brach in ein
lautes Jammern aus und warf sich, keinem Troste zugäng-
lich auf ihr Bett: welchen Trost hätte es auch wohl, so
fromm sie war, in diesem Augenblicke für sie gegeben?
Der Mann überließ sie ihrem Schmerze, es war ihr auch
gewiß gut, wenn sie sich ausweinen konnte; wäre er noch
bei ihr geblieben, so hätte er seine erzwungene Standhaf-
tigkeit nicht lange mehr aufrecht erhalten können und durch
seine Thränen ihre Verzweiflung nur vermehrt. Er ging
also hinaus, um den Wagen anschirren zu lassen, mit welchem er den todten Sohn abholen wollte — das war noch
ein schrecklicher Augenblick, vor dem er zitterte, der Augenblick, wenn die Mutter ihr ermordetes Kind sehen
werde! Er war nun wieder etwas mehr fähig, Alles zu
bedenken, er bereute, die Männer gar nicht weiter befragt
zu haben — ob sie ihm von selber noch etwas erzählt
hatten, mußte er nicht, er hatte nur das Eine gehört, das
ihm zuerst alle Besinnung geraubt hatte. Jetzt fiel ihm
auch erst ein, daß sein Gespann gar nicht zu Hause war,
er hatte es mit Mehl nach der Stadt geschickt. So mußte

er sich einen Wagen aus dem Dorfe nehmen und rief
einen seiner Mühlknappen, der ihm das besorgen sollte.
Zu verschweigen, was geschehen war, hatte er keinen Grund;
der Knappe hörte es von ihm und erschrak fast, wie er
erschrocken war, dann rief er: „Das sind die verfluchten
Grünröcke gewesen!" Der Müller aber hieß ihn schweigen
und nach dem Wagen gehen, dann kehrte er in die Schlaf-
stube zu seiner Frau zurück, während der Knappe die
schreckliche Nachricht in der ganzen Mühle verkündigte.

Frau Heilmann schien etwas stiller geworden, als ihr
Mann in die Stube trat; bei seinem Anblicke schrie sie
aber laut auf und brach von Neuem in Schluchzen und
Jammern aus, bis er sie etwas hart anließ und sie fragte,
ob sie denn gar nicht an den lieben Gott dächte. Da
weinte sie wenigstens stiller. Er ging schweigend in der
Stube auf und ab.

Nach einer langen Weile blieb er bei ihr stehen und
sagte: „Den hat der Hugo Kunold auf dem Gewissen!"

„Mann, was redest Du da?" rief sie entsetzt. „Ver-
sündige Dich nicht! Wie kannst Du so etwas sagen!"

Er ahnte nicht, welche schauerliche Auslegung sie seinen Worten gegeben hatte. „Ich weiß, was ich rede,"
sagte er. „Wenn die Freundschaft mit dem Hugo nicht
gewesen wäre, so lebte unser August heute noch. Aber der
hat ihn zu schlechten Streichen verführt!"

Sie sah nun, daß sie sich in ihrer erschreckenden Annahme über den Sinn seiner Worte geirrt hatte und ath-

mete tief auf. „Schlechte Streiche hat unſer Sohn nicht gemacht!" erwiederte ſie. „Er war ſo fromm und gut."

„Das war er! Niemand hat unſerm Herrgott dafür ſo gedankt, als ich. Aber geblieben iſt er es nicht bis zuletzt. Er iſt anders geworden in letzter Zeit, Du haſt es ja ſelbſt geſagt. Die Freundſchaft mit dem Hugo, ſeit der von ſeinem Soldatenjahr zurückgekommen iſt, hat ihn verdorben. Sie machten ſich vorher gar nichts aus einander, aber nun waren ſie wie verſeſſen einer auf den andern und Auguſt noch mehr, als der Hugo."

„Sie haben ſich ſchon auf der Schule lieb gehabt," entgegnete die Müllerin.

„Na ja, ſo 'ne Schülerfreundſchaft als Waldraſter Landsleute!" verſetzte Heilmann. „Als ſie wieder nach Hauſe gekommen waren, that Herr Kunold ſehr ſtolz, er war der Sohn des Rittergutsbeſitzers und unſer Auguſt nur ein Müllersſohn. Die gute Cameradſchaft hat ſich erſt gefunden, nachdem der Hugo von ſeinem Soldatendienſt zurück kam — eine gute Cameradſchaft, ſag' ich?"

„Was meinteſt Du denn," fragte die Mutter ſchüchtern, „daß er ihn auf dem Gewiſſen haben ſoll?"

„Er hat ihn zu tollen Streichen verführt — Auguſt wäre von ſelbſt nie darauf gekommen. Ich werde nun erſt erfahren, wie Alles zugegangen iſt. Was hat er in der Nacht draußen im Walde zu thun? Und iſt es etwa die erſte Nacht, die er draußen geweſen iſt, ob im Walde oder anderswo, auf liederlichen Wegen? Hat er Dir's etwa je gestanden wo er sich herumgetrieben hat, und kannst Du das noch fromm und gut nennen?"

„Er hat Kunold heilig versprochen, nichts zu erzählen," erwiederte die Mutter. „Ich habe ihn dann nicht mehr gedrängt, mir's zu sagen."

„Aber ich!" versetzte der Müller. „Ich habe ihn gedrängt und als er mir's nicht sagen wollte, unter demselben Vorwande, da habe ich ihn einen Lügner und schlechten Sohn genannt; das war erst vorgestern und wir sind wie geschiedene Leute aus einander gegangen. Ich hätte ihn auch nicht wieder gut angesehen, wenn die Lene nicht für ihn gebeten hätte. Nennst Du es gut und fromm, wenn er danach gleich in der folgenden Nacht mit seinem Kumpan wieder auf Schlechtigkeiten ausgeht?"

„Mit Hugo glaubst Du? So wäre Hugo dabei gewesen . . .?"

„Das kann ich nicht wissen! Ich werde erst hören was sie mir auf der Waldburg sagen können, und dann will ich den jungen Herrn einmal zur Rede stellen!"

„Was denkst Du, daß sie mit einander vorgehabt? Schlechtigkeiten doch nicht!"

„Wilddieberei! Ist das etwa löblich! Der Martin hatte gleich denselben Gedanken, denn er sagte, als ich's ihm erzählte: Den haben die Grünröcke erschossen."

Es gab der Mutter einen Stich in das Herz; das Aussprechen über ihr Leid, sie hatte wie bei vielen Naturen zu geschehen pflegt, einen Augenblick beschwichtigt, aber

der Schmerz überkam sie nun um so heftiger von Neuem
und sie gab sich ihm widerstandslos hin. Der Müller
trennte sich in diesem Zustande von ihr; er wollte nach-
sehen, ob der bestellte Wagen noch nicht komme, und wünschte, daß der seinige recht früh aus der Stadt zurückkehren
möge, um durch seine Nichte, welche mit herein gefahren
war, der Frau einen tröstlichen Zuspruch zu bringen, als
er, welcher dessen selbst bedurfte, ihr zu geben im Stande
war. Wie wird sich Lene erschrecken! dachte er. Sie wollte
zwar nie etwas davon hören, wenn ihr die Mutter sagte,
daß sie einmal die Klingmüllerin werden sollte, und auch
der August ging nicht darauf ein, aber gut meinte sie es
doch mit ihm und wird sich nun sehr betrüben.

Als er vor die Mühle trat, war vom Dorfe her
noch nichts zu sehen, von der andern Seite, wo das Schloß
lag, kam aber Kunold's Wagen gefahren, nicht der offene
Holsteiner Wagen, dessen sich der Gutsherr gewöhnlich zu
bedienen pflegte, sondern die Kutsche mit zugemachten Fenstern. Und wie er recht hinsah, bemerkte er, daß Martin,
sein Knappe, neben dem Kutscher auf dem Bocke saß. Was
war das? Der Mensch hatte ihn doch nicht falsch verstanden und statt im Dorfe den Wagen im Schlosse er-
beten? Oder sollte er selbst sich versprochen haben? er hatte
ja kaum gewußt, was er redete! Im raschen Trabe kam
der herrschaftliche Wagen auf die Mühle zu gefahren;
Heilmann ging ihm entgegen, Herr Kunold konnte wohl
selbst darin sitzen. Das war nun nicht der Fall, aber er

war auf dem Wege zur Mühle dem Knappen begegnet, als
dieser eben in das Dorf einbog, hatte ihn befragt und als
er dessen Auftrag gehört, ihn sogleich mit nach dem Schlosse
genommen, wo er den geschlossenen Wagen anzuspannen
befohlen hatte, um ihn dem unglücklichen Vater zu seinem
traurigen Vorhaben zur Verfügung zu stellen: den geschlossenen Wagen deßhalb, um nicht im Dorfe durch den Anblick auf den offenen einen Zusammenlauf von Menschen
zu veranlassen.

Heilmann war bewegt über die Güte und Theilnahme des Gutsherrn und nahm den Wagen gern an;
Martin wollte ihn durchaus nach der Waldburg begleiten,
um ihm dort zu helfen, er mußte aber zu Hause bleiben.
Der Vater fuhr allein, an hilfreichen Händen konnte es
ihm ja in der Waldburg nicht fehlen. Hier fand er den
Herrn nicht zu Hause, aber Jonas war gleich bei der Hand,
als der Mann einfuhr, und wunderte sich, als statt des
Herrn Kunold der Klingmüller ausstieg. Warum hätte
aber auch Kunold für den kleinen Weg anspannen lassen?
Ging doch Herr von Witting, so alt und unbehilflich er
war, immer zu Fuß nach Waldrast; so auch jetzt wieder.
Weßhalb Heilmann kam, wußte Jonas, er drückte ihm
schweigend die Hand und führte ihn nach der Stube, wo
man seinen todten Sohn niedergelegt hatte, sorgte auch dafür, daß keiner von Witting's anderen Leuten, welche ihn
gleich umdrängten, um ihm ihre Theilnahme auszudrücken,
mitkam. Mit hochklopfendem Herzen trat der Vater ein

und sein Schritt schwankte, als er den Todten erblickte:
man hatte ihn ehrbar auf Stroh in eine leere Bettstelle
gelegt und ihm die Hände gefaltet; sein schönes Gesicht
sah so frieblich aus, daß man hätte glauben können, er
schlummere nur, wenn die Farbe des Todes nicht sein Antlitz überzogen hätte. Leise und langsam trat der Vater zu
ihm, die Thränen, die ihm die Augen gefüllt, versiegten,
seine Blicke ruhten starr auf der Leiche, immer finsterer
wurde ihr Ausdruck, seine Lippen preßten sich fest auf einander und er hob plötzlich mit einer heftigen Bewegung
seine in einander verkrampften Hände zum Himmel empor,
als wolle er dessen Rache auf den Mörder seines Sohnes
herabrufen. Es war aber nur eine augenblickliche Versuchung, dann sank er auf die Kniee, senkte demüthig sein
Haupt und faltete seine Hände zum inbrünstigen Gebet.
Jonas stand tief erschüttert hinter ihm und betete, wie er.
Dann wurden die Anstalten getroffen, den Todten in den
Wagen zu schaffen, in welchem dann der Vater mit ihm
nach Hause fuhr, vom allgemeinen Mitgefühl der Bewohner der Waldburg begleitet.

Herr von Witting war nach dem Pfarrhause gegangen; sein treuer Diener hatte ihm, nachdem er von der
Klingmühle zurückgekommen, wirklich Vorstellungen über sein
heutiges Benehmen gegen seine heimgekehrte Schwiegertochter gemacht, wenn auch nicht in der rücksichtslosen Weise,
die ihm sein Bruder angerathen hatte. Jonas diente seinem Herrn schon lange Jahre, er besaß sein volles Ver-

trauen und wurde oft von ihm um Rath gefragt; er hatte
daher einen großen Einfluß auf ihn, der jedoch nicht so
weit ging, wie der alte Herr zuweilen scherzhaft behauptete,
daß er eigentlich unter Jonas' Commando stehe. Heut aber,
als ihm der Diener vorgehalten, daß er gegen die arme
Frau unrecht gehandelt habe, ihr Anrecht als seine Schwiegertochter mit keinem Worte zu erwähnen und sie abgehen
zu lassen, als gehe sie mit ihrem allerliebsten Jungen ihn
gar nichts an, hatte sich Witting förmlich entschuldigt. Er
sei erst über die wunderbare Entdeckung, als ihm der Förster zugerufen, daß Schubert's Klara vor ihm stehe, ganz
benommen gewesen, dann habe er aber gar keine Zeit gehabt, mit ihr vernünftig zu reden, denn Wartmann habe ihn
abgerufen , um den jungen Heilmann zu sehen, und wie
er sich später nach ihr umgeschaut, sei sie mit ihrem Söhn-
chen schon fortgewesen. Nun habe er sich's aber schon vor-
genommen, heut noch in die Pfarre zu gehen, wo sie
wohl hart empfangen worden sei und er ihr vielleicht durch
eine vernünftige Rücksprache mit dem Vater gute Dienste
leisten könne, und wenn er seinen Vorsatz bis jetzt nicht ausgeführt, so habe er nur erst Bescheid aus der Klingmühle
hören wollen, um nichts wegen des armen August zu
versäumen.

„Wissen Sie, was Sie unten bei der Grenzbuche
gleich hätten thun sollen, gnädiger Herr?" hatte Jonas darauf
erwiedert. „Sie hätten ihre Schwiegertochter gar nicht erst
nach der Pfarre gehen lassen sollen, da Sie wußten, daß

sie dort schlecht empfangen werden würde. Hierher hätten
Sie sie mitnehmen sollen, und dann mit dem Vater
reden."

„Aber, Jonas!" hatte Witting ausgerufen, erschrocken
über den Vorschlag, der seine ganze Hausordnung über den
Haufen warf.

„Ja, gnädiger Herr, das wäre recht und gut gewesen! Wenn Ihr Sohn, wie Sie immer wünschten, den braunen Attila früher ausgezogen und sich auf der Waldburg
verheirathet hätte, so wär's ja doch mit der Junggesellen-
wirthschaft hier vorbei gewesen, seit zwölf, vierzehn Jahren
schon, noch ehe er Ihnen gesagt hatte: Die Klara oder
gar Keine!" Auf diese Erinnerung an alte Zeiten hatte
Herr von Witting nichts mehr gesagt, sondern hatte sich
zurecht gemacht, um den Gang nach dem Pfarrhause an-
zutreten.

Er kam aber zu spät. Klara war schon mit ihrem
Sohne, begleitet von der alten Marianne, welcher es der
Pfarrer gestattet hatte, der Einladung nach dem Schlosse
gefolgt, welche sie mit freudiger Rührung erfüllte. Witting
fand also den Pfarrer allein zu Hause und es war ihm
recht lieb. Er hoffte, mit ihm in aller Ruhe überlegen
zu können, was für die Frau, die sie Beide so nahe an-
ging, zu thun sei. Daß sie der Vater gar nicht bei sich
aufnehmen werde, kam ihm nicht in den Sinn, er wollt
aber auch für sie sorgen, und für ihre Zukunft, besonders
die ihres Knaben, der doch sein Enkel war und ihm beim

erften Anblicke ſchon gefallen hatte, ausreichend ſorgen: Teſtamentsgedanken, mit denen er ſich bis jetzt noch gar nicht ernſtlich beſchäftigt hatte, gingen ihm im Kopfe herum, er war nur noch nicht im Klaren darüber, was er nun für Verfügungen treffen ſolle.

Gleich die erſten Worte des Pfarrers ließen ihn aber erkennen, was über Klara zunächſt entſchieden war; er konnte ſeine Mißbilligung darüber nicht unterdrücken und der ſtrenge Vater wurde dadurch nur noch härter ge= ſtimmt. „Sie würden mit Ihrem Sohne, den Sie wegen ſeiner Heirath mit der bürgerlichen Tochter eines Paſtors enterbt haben, auch nicht unter einem Dache wohnen wol= len!“ ſagte er.

„Wenn er pater peccavi ſagte, warum nicht?“ er= wiederte Witting. „Ich brauche doch den Herrn Paſtor nicht an den verlorenen Sohn der Bibel zu erinnern?“

„Nein, das brauchen Sie freilich nicht, mein Herr von Witting!“ ſagte der Pfarrer mit einem zurückweiſen= den Blicke. „Sie können ſchon überzeugt ſein, daß ich niemals nach der bloßen Eingebung des Augenblicks handle. Ich bitte Sie alſo, mich dabei zu belaſſen.“

„So werde ich für meine Schwiegertochter und u n = ſern Enkel ſorgen!“ verſetzte Witting, hochroth über die letzte ſchroffe Abfertigung.

„Sie haben das Recht freier Entſchließung in allen Ihren Handlungen“, erwiederte der Pfarrer kalt. „Kein Menſch wird Ihnen dies Recht ſtreitig machen.“

Witting nahm einen raschen Abschied. Draußen war er einen Moment zweifelhaft, ob er nicht gleich nach dem Schlosse gehen und sich mit seiner Schwiegertochter verständigen sollte, daß nur ihre rasche Entfernung im Thale ihn verhindert habe, sich gegen sie mit seinen wohlmeinenden Absichten ganz auszusprechen; aber er war sich doch bewußt, daß er damit nicht völlig der Wahrheit getreu sei, und verschob Alles auf morgen.

6.

„Ich konnte ja nicht glücklich werden: Der Segen des Vaters fehlte mir! Ich war der Verzweiflung nahe, als ich den unglücklichen Schritt that. Er hatte sich wie durch einen bösen Zauber meiner Seele ganz bemeistert, daß ich gar nichts mehr dachte, mehr wollte, als er —“

„Sie regen sich in diesen Erinnerungen zu sehr auf, meine arme Klara!“ sagte Frau Kunold, welche mit der jungen Frau nach dem innigen und tief bewegten Empfange im Wohnzimmer zusammen saß und die Aeußerungen ihres überfließenden Herzens als einen Beweis Ihres Vertrauens zwar, aber doch nicht ohne Besorgniß für ihren Gemüthszustand zuhörte.

„Mir wird wohl sein, wenn ich mich gegen Sie, wie gegen eine Mutter, ausgesprochen habe,“ erwiederte Klara. „Hätte ich noch eine Mutter gehabt, es wäre so nicht mit mir gekommen! Er bestürmte mich mit dem Plane, den er zu unserer Vereinigung gefaßt hatte, da unsere Väter sie nicht zugeben wollten. Von seinem Vater sprach er wenig; der werde sich, wenn es geschehen sei, schon fügen; mein Vater, wie streng er auch sei, könne aber auch nicht mehr widersprechen, wenn wir erst getraut seien, er müsse sich dann versöhnen lassen, da eine Trennung der Ehe nach seinen Ansichten über die Heiligkeit derselben ihm gar nicht einfallen könne. Und als ich noch immer widerstand, da schwor er in seiner Wildheit einen entsetzlichen Eid, daß er sich unter meinem Fenster erschießen werde und ich willigte ein . . . ."

„Was mögen Sie gelitten haben, armes Kind!" sagte Frau Kunold.

Die junge Frau hob ihr bethräntes Auge zum Himmel, der es ihr allein bezeugen konnte, wie schwer sie gerungen hatte, ehe sie zu dem Entschlusse gekommen war, mit dem Manne, der ihr Herz und ihren Willen beherrschte, heimlich zu fliehen. Sie erzählte dann, wie er schon einen Geistlichen gewonnen hatte, sie vor Zeugen zu trauen und ihnen den Trauschein auszustellen, wie er dann auch wirklich Schritte gethan, sowohl seinen Vater, als den ihrigen zu versöhnen, aber mit dem gleichen unglücklichen Erfolge; gegen seinen Vater hatte er den Versuch nicht wiederholt, da er fest geglaubt, der werde später von selbst den ersten Schritt thun; an den Pfarrer hatte er jedoch wiederholt geschrieben, aber nach der ersten streng verurtheilenden Antwort keine zweite erhalten, daher er

es endlich ganz aufgegeben hatte. Die Geschichte der folgenden Jahre, in denen er sich eben so vergeblich bemüht
hatte, sich im Auslande eine sichere Existenz zu gründen,
erzählte die Wittwe nur in Umrissen, aber Frau Kunold
hörte doch heraus, daß das Leben der Armen ein langes
Leid voll herber Enttäuschung gewesen war, ja sie glaubte,
die Gewißheit zu finden, daß auch Klara's Liebe »zu dem
Manne, dem sie gefolgt, nur eine Selbsttäuschung gewesen und sie bald genug zum Bewußtsein gekommen war.
Um so trauriger ihr Schicksal! Er schien sie überdem schlecht
genug behandelt zu haben, wie aus einem unvorsichtigen
Worte zu errathen war; aber dennoch sprach sie von ihm
nur in den schonendsten Ausdrücken, und als sie zu seinem
Eintritt in das Heer der amerikanischen Union kam, konnte
sie nicht genug rühmen, wie ruhmvoll er gekämpft habe
bis an seinen Heldentod.

Frau Kunold hatte sie schon gebeten, vor der Hand
nicht an eine Abreise von Waldrast zu denken, sondern
wie eine liebe Tochter bei ihr zu bleiben, so lang es ihr
gefalle, worauf Klara ihr, ohne daß sie es hindern konnte,
die Hand geküßt und nur eine schwache Einwendung mit
Hinweis auf den Willen ihres Vaters gemacht, welche die
gütige Frau aber leicht entkräftet hatte. Eine liebere
Tochter hätte sie ja einst nicht in ihr Haus aufnehmen
können, wenn Alles sich nach ihren Wünschen gefügt hätte —
wäre es ihr damals nur gelungen, das Vertrauen, das ihr
dir mutterlose Waise schon geschenkt, noch ehe sie zur Jung-

frau erwachsen war, auch später zu behaupten; aber der
dämonische Einfluß, der sich ihres Herzens bemeistert, hatte
dasselbe bald gegen alle Andern zu verschließen gewußt. Der
kleine Rudolf, welcher draußen im Hofe gespielt hatte, kam jetzt
herein und unterbrach das Gespräch der beiden Frauen; er war
ganz entzückt über Alles, was er gesehen hatte, und wie=
derholte immer wieder: „Nicht wahr, wir bleiben hier,
Mama?" wofür ihn die Hausfrau freundlich die Wangen
streichelte und statt seiner Mutter die Frage bejahte.

Ihr kam aber nun die eigene Sorge wieder zum
Bewußtsein; schon sank der Abend und ihr Sohn war noch
immer nicht zurückgekehrt. Wohin mochte er geritten sein?
Sie war zwar in letzter Zeit schon daran gewöhnt, daß
er fort blieb, oft über Nacht, ohne ihr Rechenschaft zu
geben, er hatte auch zuweilen seine Ausflüge zu Pferde un=
ternommen, aber, da ihm ein eigenes Reitpferd zur Ver=
fügung gehalten wurde, noch niemals, wie heut, ohne Er=
laubniß auf dem seines Vaters, das ein sehr schönes und
theures Pferd war. Der Vater hatte mit Unwillen im
Laufe des Tages mehrmals über sein langes Ausbleiben
gesprochen und geäußert: „Er wird mir das Thier zu
Schanden reiten!" Mit Bangigkeit sah die Mutter Hugo's
Rückkehr und einem starken Auftritt zwischen ihm und dem
Vater entgegen, der gegen ihn durch Alles, was seit gestern
vorgefallen, vielleicht auch durch die Ermahnung des Pfar=
rers zu größerer Strenge gereizt war. Aber dieser Auf=
tritt sollte ihr erspart werden, freilich in traurigster Weise.

Hugo kam nicht zu der bestimmten Stunde des Abend-
essens und die Mutter ließ ihm sorglich davon aufheben;
umsonst, er kam auch bis zehn Uhr nicht und der Vater
befahl, nicht länger auf ihn zu warten.

„Hätte er mein Pferd nicht,“ sagte er, „so würde ich
dem Wächter Befehl geben, ihm das Thor gar nicht auf-
zuschließen. Er will heut wohl meinem ersten Zorne aus-
weichen und bildet sich ein, morgen werde der verraucht
sein, er wird sich aber sehr täuschen! Vielleicht bleibt er
auch ganz aus, ich meine über Nacht, was wir ja schon
öfter erlebt haben; denn wiederkommen wird er schon, er
ist zu Brode gewöhnt und würde es sich allein schwerlich
verschaffen können. — Ja, liebe Frau von Witting, Sie
sind nun ein Mitglied unserer Familie und müssen schon
unsere Sorgen mit uns theilen.“

Er ahnte nicht, was das Herz der jungen Wittwe
bei den Worten die er an seine Frau richtete, so schmerzlich bewegt hatte: mußte sie nicht an ihren Mann denken,
mit welchem der Sohn des Hauses, über den sich der
Vater beklagte, so viel Aehnlichkeit zu haben schien? Es
währte lange, ehe sie in ihrem traulichen Zimmer, wo es
sie so friedlich angeweht hatte, die Ruhe finden konnte —
ach! sie war ja der schlaflosen Nächte gewohnt! Neben
ihrem Bett stand das Bettchen ihres Rudolf; sie hatte
mit ihm gebetet und er schlummerte jetzt süß, die Hand
aber, welche sie ihm hatte reichen müssen, hielt er noch
fest und sie entzog ihm dieselbe erst leise, als der Halt

der kleinen Finger sich so gelockert hatte, daß sie nicht mehr fürchten durfte ihn dadurch zu wecken. Jetzt betete sie noch einmal inbrünstig zum Herrn und der Frieden zog nun auch in ihr Herz ein.

Ein herrlicher Morgen ging über der Waldraster Halde auf und die Orgelklänge vom Portal der Kirche hallten wieder feierlich durch Berg und Thal. Den steilen Pfad durch die Steinach stiegen zu dieser frühen Stunde schon zwei Forstleute hinab, es war der Förster Wartmann mit seinem Jägerburschen. Dieser hatte der Meinung, welche Wartmann über ihn geäußert hatte, Ehre gemacht, er hatte sich mit Erlaubniß des Försters wieder auf die Streife gemacht und diesmal einen Schweißhund mitgenommen, der eine vorzüglich scharfe Nase für die schwächste Witterung besaß. Mit großer Freude war er Abends zurückgekehrt und hatte dem Förster ein greifbares corpus delicti mitgebracht, das der Hund an der Stelle des Wildwechsels im tiefsten Walde gefunden hatte: einen blutrothen Handschuh, nicht roth von Blut, sondern von der wunderlichen Modefarbe, welche nur ein verdorbener Geschmack schön finden konnte. Wartmann hatte sich den Handschuh von allen Seiten betrachtet und den Kopf geschüttelt, dem Schmiedel aber den Mund verboten, als dieser allerlei Vermuthungen angestellt, wer das Ding wohl im Walde verloren haben könnte; der Müllerssohn auf keinen Fall. Er hatte den Fund dann eingeschlossen, um ihn am andern Tage Herrn Kunold, welcher die Ortspolizei in

Waldraſt hatte, zur Aushändigung an das Gericht, dem er den Unglücksfall wohl ordnungsmäßig ſchon angezeigt haben mußte, abzuliefern. Heut am frühen Morgen, wo auch keine paſſende Zeit dazu war, ließ er ſich von Schmiedel nach dem Orte führen, wo der Handſchuh gefunden worden war. Der Jägerburſche hatte geſtern, dem Schweißhunde folgend, der eine ſehr beſtimmte Richtung nahm, noch einen Weg durch das ganze Thal hinab gemacht, bis auf die Stelle, wo der erſchoſſene Heilmann gelegen hatte; dort war auch des Hundes Abſuchen zu Ende geweſen. Ob nun der Sohn des Klingmüllers hier erſt durch einen Schuß getödtet worden oder ſich noch bisher geſchleppt hatte, blieb zweifelhaft: Schmiedel, der Schüſſe gehört hatte, glaubte, daß ſie weiter oben gefallen ſeien, doch täuſcht das Echo im Walde.

„Na aber, Herr Förſter,“ ſagte er, „daß der blutrothe Handſchuh dem gehört, der den armen Kerl erſchoſſen hat, das werden Sie mir doch erlauben zu ſagen.“

„Gegen mich, ja!“ erwiederte Wartmann. „Gegen alle andern Menſchen hältſt Du das Maul, bis Du gefragt wirſt. Der Staatsanwalt wird bald genug hier ſein.

Beide kamen an die ihnen als Wildwechſel wohlbekannte kleine Lichtung im Walde, wo der Hund umhergeſtöbert und auf einmal den Handſchuh apportirt hatte. Sie ſuchten dieſelbe mit ihrer nächſten Umgebung nochmals genau ab, weil es für Schmiedel dazu geſtern Abend zu dunkel gewesen war; sie hatten auch den Schweißhund wieder mitgenommen, und es fand sich eine große Blutstelle: die That war also hier geschehen. Schon gestern Abend hatte der Hund sie offenbar gefunden und von hier aus die Spur verfolgt, es war aber, wie gesagt, für Schmiedel schon zu dunkel gewesen, um sie zu bemerken.

„Mein Sohn, Du hast doch ein ganz reines Gewissen, wenn die Untersuchung kommt?" fragte der Förster ernstlich. „Sage mir's lieber vorher!"

„Trage ich etwa solche Handschuhe?" entgegnete Schmiedel, indem er dem Förster offen in's Gesicht sah. „Wenn ich den Wilddieb todtgeschossen hätte, warum sollte ich es Ihnen denn nicht sagen? Es könnte mir ja Niemand etwas anhaben nach den Forstgesetzen."

„Das käme doch noch darauf an," erwiederte Wartmann. „Wie willst Du beweisen, daß er auf Deinen Zuruf nicht habe stehen wollen, oder daß er gar auf Dich angelegt oder geschossen habe? Er ist todt, Zeugen hättest Du nicht gehabt, es wäre immer eine verdrießliche Untersuchung geworden. Ich glaube Dir schon, daß Du es nicht gewesen bist, aber die Leute werden es doch denken."

„Das ist mir ganz egal, wenn's nicht wahr ist und Sie mir nur Glauben schenken," versetzte der Bursche. „Darf ich den Handschuh auf's Schloß tragen? Ich kann doch am besten Auskunft darüber geben."

„Nein, Schmiedel, ich werde selber gehen," beschied ihn der Förster. „Deine Aussage wird schon noch ein-

gefordert werden, wenn der Staatsanwalt kommt. Ich
werde Herrn Kunold einstweilen sagen, wo der Handschuh
von Deinem Hunde aufgespürt worden ist."

Der Gutsherr war heut auch ungewöhnlich früh auf-
gestanden, da er wissen wollte, ob sein Sohn in der Nacht
zurückgekommen sei. Das war nicht der Fall; Kunold
hatte sich aber kaum mit dem Wächter und seinem Verwalter darüber besprochen, so brachte ein fremder Mann
seinen Rappen an der Hand auf den Hof geführt. Rasch
ging ihm der Gutsherr entgegen; er sah auf den ersten
Blick, daß das Pferd ganz abgetrieben war und keine
Striegel sein von starkem Schweiß zusammengebackenes
Haar — vom gestrigen Ritte wahrscheinlich! — wieder
geglättet hatte. Wo war aber Hugo? Der Bote, welcher
das Pferd am heruntergenommenen Zügel führte, griff,
als er Kunold kommen sah, in seine Rocktasche, zog ein
buntes Schnupftuch hervor und fing es an aufzuwickeln.

„Von wo kommt Ihr? Wer hat Euch das Pferd
gegeben?" rief ihm der Schloßherr zu.

„Ich bin von Freistadt," erwiederte der Bote. „Ich
sollte das Pferd hierher nach Waldrast bringen und den
Brief hier an Sie abgeben. Sie sind doch der Herr?"

Kunold riß ihm den Brief fast aus der Hand. „Und
der Mann, der Euch das Pferd und den Brief gegeben
hat?" fragte er, während der Wächter dem Boten das
Pferd abnahm und nach dem Stalle führte.

„Ja, das weiß ich nicht. Er war im Gasthofe abgestiegen und ließ sich schon gestern Abend einen Boten rufen; der Hausknecht bestellte mich, weil ich nebenan wohne und gern etwas verdiene —"

„Wo ist der Reiter dieses Pferdes geblieben?" unterbrach ihn Kunold in größter Ungeduld.

„Ja, das weiß ich nicht," antwortete der Bote wieder „Er hat mich gestern Abend schon abgefertigt, daß ich mir das Pferd vor Tage aus dem Gasthofe abholen sollte, wie ich kam, war er schon fort, der Hausknecht sagte, daß er mit der Post, die um zwei Uhr in der Nacht durchkommt, abgefahren ist. Stallknecht und Futter hat er bezahlt."

„Geht nur in die Gesindestube und ruht Euch aus," sagte Kunold. „Lassen Sie ihm zu essen und zu trinken geben," wandte er sich an den Verwalter, der noch dabei stand, „und holen Sie sich das Botenlohn für ihn."

„Ich bin schon bezahlt," erwiederte der Mann. „Alles in Richtigkeit. Erst will ich aber noch in die Klingmühle gehen, da habe ich auch einen Brief abzugeben."

Es zuckte dem Gutsherrn über das Gesicht, aber es war eine Anregung freudiger Art, welche ihm der glückliche Gedanke gab, daß der Brief an den Sohn des Müllers gerichtet sein könne und Hugo von dem Schicksale seines Freundes also nichts wisse. „An wen ist der Brief?" fragte er.

Der Bote hatte ihn mit dem andern aus seinem

Schnupftuche gewickelt und zeigte ihn Kunold. „An Fräulein Magdalene Krug“, lautete die Aufschrift; Kunold gab
den Brief schweigend zurück, und ging nun, den seinigen
zu lesen. Er brannte ihm in der Hand, aber er hätte
ihn nicht vor fremden Augen erbrechen wollen, da er nicht
sicher war, den Eindruck, den er ihm machen würde, in
seinen Zügen zu beherrschen. Diese Vorsicht war gerechtfertigt; er entfernte sich rasch und noch auf dem Hofe, in
die offene Thür des Gesindehauses tretend, wo ihn Niemand beim Lesen beobachten konnte, erbrach er das Siegel
des Couverts und zog das Blatt heraus, das eng beschrie-
ben war, in großer Hast, wie die Schriftzüge bewiesen.
Die Augen des Gutsherrn trafen, noch ehe er den Brief-
bogen ganz entfaltet hatte, auf eine Stelle, die ihm das
Blut aus den Wangen zum Herzen trieb. Seine Hände
zitterten, als er, ohne sich um den Anfang zu kümmern,
weiter las, er mußte sich die Augen reiben, die ihm dunkel wurden — in fliegender Eile las er den Brief zu
Ende, dann holte er den Anfang nach und stand nun
rathlos, was er thun sollte. Wäre ein Feuer zur Hand
gewesen, er hätte das Papier, ohne sich zu besinnen, den
Flammen übergeben — konnte er ihn Hugo's Mutter
zeigen? Er steckte ihn rasch ein und sah sich um, ob noch
Jemand in der Nähe sei, der seinen Seelenzustand an der
Blässe seines Gesichts, an dem Ausdruck desselben bemerken
könne. Es war aber kein Mensch da und er suchte sich
zu ermannen, damit er sich nicht Jedem, dem er begegne,

verrathe. Zu seiner Frau zu gehen, die nun wohl auf
eine Nachricht warten mochte, war ihm jetzt ganz unmöglich, er mußte erst einen Entschluß fassen, wie er sich zu
verhalten habe. Daß er ihr den Brief nicht vorenthalten
könne, wurde ihm klar, aber er mußte sie darauf vorbe-
reiten und mußte auch mit sich selbst auf's Reine kommen,
was er dann weiter thun solle. Den Gang der Dinge
abwarten? Ihm konnte doch daraus kein Vorwurf gemacht
werden — war er denn verpflichtet, gegen sein eigenes
Fleisch und Blut . . . .? Er ging in's Freie hinaus, mit
leidlich festem Gange vor den Leuten, er ließ seiner Frau
sagen, daß sie nicht auf ihn mit dem Frühstück warten
solle, er könne erst später kommen. Vom Schlosse nahm
er seinen Weg in die Felder, drüben lag die Klingmühle,
wo nun statt des bisherigen Glückes der Gram herrschte
— heut mußte wohl aus der Stadt der Staatsanwalt
mit dem Kreisarzt kommen, um nach Vorschrift der Gesetze
die Thatsache festzustellen und die ersten einleitenden Schritte
zu der Untersuchung zu thun. Unwillkürlich zuckte Kunold's Hand nach der Brusttasche, wo er den Brief seines
Sohnes verborgen hatte. Er dachte an den andern Brief,
den der Bote noch bestellen sollte; dort auf dem Wege
der nach der Klingmühle führte, sah er den Mann gehen,
er hatte den Schloßhof früher, als Kunold verlassen. An
Magdalene Krug hatte Hugo geschrieben — in der furcht-
baren Stimmung, von welcher jede Zeile an seinen Vater
Zeugniß gegeben, hatte er noch vermocht, an das Mäd-

chen zu schreiben! Es war dem Vater nicht fremd, daß
Hugo die Verwandte des Klingmüllers nicht mit gleich=
gültigen Augen ansah, er hatte oft in seiner leicht exaltir=
ten Weise von ihrer Schönheit, die jedem vornehmen Kreise
Ehre machen würde, und von ihrem anziehenden Wesen
gesprochen, aber nie hatten seine Eltern geahnt, daß eine
nähere Beziehung zu dem Mädchen bestehe, wie sie dieser
ziemlich offen gerichtete Brief kund gab. Hugo glaubte
nun, da er mit seiner Heimath auf immer gebrochen hatte,
wohl gar keine Rücksichten mehr nehmen zu brauchen.
Was aber konnte er Magdalenen geschrieben haben?

Der Bote aus der Stadt hatte von dem Verwalter
im Schlosse, mit dem er noch eine Weile gesprochen hatte
schon gehört, was hier vorgefallen war und hoffte nun
in der Klingmühle mehr darüber zu erfahren, was er
dann als wichtige Neuigkeit mit nach Hause nehmen könne.
Er traf einen der Mühlknappen, den er gleich nach dem
Unglück fragte, dieser bejahte es, ließ sich aber nicht recht
darauf ein, wußte auch vielleicht nicht mehr. „Wo ist
denn Fräulein Magdalene Krug?“ fragte der Bote dann.
„Ich habe einen Brief an sie zu bestellen.“

„Geben Sie her,“ erwiederte der Knapp. „Ich will
ihn besorgen. Sprechen können Sie Lenchen jetzt doch
nicht. Auch der Müller mag heut noch keinen Menschen
sehen.“

„Ich soll aber doch den Brief in ihre eigenen Hände
geben,“ wandte der Bote ein.

„Von wem ist er denn?" fragte der Knapp.

„Ja na, das kann sie Ihnen selber sagen, wenn sie Lust dazu hat," antwortete der Bote. „Sagen Sie ihr nur, ich käme aus Freistadt und brächte einen Brief an sie, den ich aber nur ihr selber geben sollte."

Der Knapp ging in das Haus und wirklich erschien nach einer kleinen Weile ein junges Mädchen in der Thüre. Eine so glänzende Schönheit wie Hugo Kunold sie gerühmt hatte, war sie nicht, wenigstens in diesem Augenblicke nicht; ihr Gesicht hatte ganz angenehme, aber durchaus nicht feine Züge und entbehrte jetzt der blühenden Farbe, welche sonst den etwas dunklen Teint übersehen ließ, auch war es sehr ernst, ja bekümmert. Wie hätte es auch anders sein können, obgleich sie nur einen Verwandten, dem sie herzlich gut, aber nicht so zugeneigt gewesen, wie es dessen Eltern gewünscht, verloren hatte?

Der Bote zog die Mütze vor ihr und gab ihr den Brief ohne irgend eine Erklärung. Sie sah befremdet auf die Adresse, deren Handschrift sie nicht kannte, sie fand keinen Grund, ihn nicht sogleich in Gegenwart des Boten zu erbrechen und zu lesen. Kaum hatte sie aber einen Blick hineingeworfen, als sie das Blatt mit unwillig aufblitzenden Augen zusammendrückte und den Boten hastig fragte, wie er zu dem Briefe gekommen sei. Er gab ihr ausführlich Bescheid, sie hieß ihn einen Augenblick warten und ging rasch in das Haus zurück, von wo sie aber erst nach einer geraumen Weile wiederkam. Sie reichte dem Boten ein Stück Geld und fertigte ihn damit ab.

„Ein stolzes Frauenzimmer!" sagte er für sich, als er nach dem Schlosse zurück ging. „Sie denkt wohl, sie wird die Mühle nun erben, da der Sohn todt ist, und hat die Wahl unter zwanzig Freiern?"

Lenchen hatte den Brief gelesen, aber nicht recht verstanden. Sie war ein einfaches Mädchen aus dem Volke und hatte keinen Sinn für leidenschaftliche, überreizte und wilde Ergüsse. Nur so viel las sie heraus, daß Herr Kunold, dem sie nie ein Recht dazu gegeben hatte, sich einbildete, sie sei ihm in geheimer Liebe zugethan, und werde ihm treu bleiben, wenn er auch erst nach Jahren zurückkehre, oder sonst einen Weg zu ihrer Verbindung finde. Was er sonst in dem Briefe von seinem „verlorenen Seelenheil", das „eines Engels Fürbitte" ihn wieder gewinnen könne, von ihrer „Schuld an seinem Unglück" und ihrer „Verpflichtung gerade deshalb gegen ihn" schrieb, nannte sie Unsinn. Sie hatte den Brief mit großem Unwillen der Müllerin zu lesen gegeben, welche darin mehr fand als Lenchen, es jedoch nicht aussprach. Daß der junge Kunold so schleunig abgereist war und, wie es schien, erst in langer Zeit, vielleicht gar nicht, wiederkommen werde, gab ihr Gedanken ein, welche mit denen, welche ihr Mann geäußert hatte, nur zu sehr übereinstimmten. Gern hätte sie ihm den Brief gezeigt, aber Lenchen, von einem richtigen Gefühl geleitet, widerstrebte das und sie nahm den

Brief wieder an sich, ohne daß ihn der Vetter gelesen hatte.
Frau Heilmann konnte ihrem Manne also nur erzählen,
was sie von dem Inhalt noch im Gedächtniß hatte, es war
aber genug, um ihn in seiner Meinung zu bestärken. „Es
hat ihn nicht mehr hier gelitten!" sagte er. „Wenn auch
die Grünröcke unsern armen Jungen erschossen haben, so
ist er doch Schuld daran und er ist dabei gewesen. Du
kannst mir's glauben! Er hat ihn erst verlockt und verführt und dann im Stich gelassen, davon gelaufen ist er
und nun läuft er in die weite Welt, weil ihm sein Gewissen keine Ruhe läßt. Es ist mir nur lieb, daß die
Lene sich nicht mit ihm eingelassen hat, mancher Anderen
hätte der Sohn eines Rittergutsbesitzers, der vielleicht Waldrast einmal bekommt, den Kopf verdreht. Sie wollte ihn
aber so wenig haben, wie unsern August — für die muß
der Rechte erst gefunden werden! Uns kann es gleich sein,
Mutter, weil's doch nun Alles vorbei ist, was wir uns so
sehr wünschten. — Ich möchte nur, daß die Gerichtsleute
erst hier gewesen wären, damit wir Ruhe haben, und an
das Begräbniß denken können. Herr Kunold wird es gewiß gleich nach Freistadt angezeigt haben, nun werden sie
herauskommen und protocolliren und am Ende doch nichts
ermitteln, wenn Keiner, der's könnte, etwas sagen will."

Der Müller hatte einen falschen Verdacht. Niemand war
eifriger, der That auf den Grund zu kommen, als gerade
die Forstleute, welche er derselben beschuldigte. Der Jä-
gerbursche fügte sich ungern dem Willen des Försters, daß

er von seinem Funde nicht sprechen solle, bis er von Ge=
richtswegen nach seiner Mitwissenschaft gefragt werde, doch
wußte er, daß mit Wartmann nicht zu spaßen sei, und ge=
traute sich also nicht, gegen seinen Befehl zu handeln.
Wartmann aber machte sich, sobald er die Stunde für
passend erachtete, auf den Weg nach dem Schlosse, um
Herrn Kunold den gefundenen Handschuh zur weiteren Be=
förderung an das Gerichtsamt zu bringen. Als er den
Richtsteig durch die Felder ging, welcher von der Försterei
nach Waldrast führte, bemerkte er Herrn Kunold von Wei=
tem, der von drüben her auf einem andern Wege nach
Hause gegangen kam. Er hob seinen Hut in die Höhe und
winkte damit, um sich ihm bemerklich zu machen, der Gutsherr
ging aber in so tiefen Gedanken, daß er auf das Zeichen,
das ihm galt, gar nicht achtete, bis Wartmann einen lau=
ten Waidmannsruf erschallen ließ.' Da stutzte er, sah her
und blieb stehen, um den Förster abzuwarten, der, einen
Feldrain quer durch das Getraide benutzend, mit raschen
Schritten zu ihm kam. Was hatte er ihm zu sagen?

7.

Die junge Wittwe saß allein im Wohnzimmer des
Waldraster Schlosses. Frau Kunold hatte sie eben ver=
lassen, um ihren häuslichen Geschäften nachzugehen, sie
führte die große Wirthschaft in musterhafter Weise. Das
Ausbleiben ihres Mannes zum Frühstück wunderte sie nicht,
das kam öfters vor, mehr beunruhigte es sie, daß er fort=

gegangen war, ohne ihr irgend eine Erklärung über Hugo
zu geben; durch den Verwalter hatte sie erfahren, daß der
Rappe durch einen Boten aus Freistadt zurückgebracht worden war, der auch Briefe von dem jungen Herrn mitgebracht hatte, einen an seinen Vater, und einen andern an
Lene in der Klingmühle, was der Verwalter mit einem
pfiffigen Blicke erzählt hatte. War es doch unter den Leuten im Schlosse kein Geheimniß, daß der junge Herr ein
Auge auf die hübsche Muhme des Klingmüllers geworfen
hatte. Seiner Mutter war die Mittheilung, welche sich
darauf bezog, sehr unangenehm gewesen, sie hatte dem Verwalter keine Antwort gegeben, in ihrem Herzen regte sich
aber das bittere Gefühl, Hugo's Vertrauen so gar nicht
mehr zu besitzen. Wenn es mehr als ein flüchtiges Wohl-
gefallen war, wenn er das Mädchen wahrhaft liebte, so
konnte das vielleicht auf ihn vom wohlthätigsten Einfluß
sein — warum aber vertraute er der Mutter nicht? Eine
Verbindung mit der Tochter eines Kleinbürgers, die auch
an Bildung tief unter ihm stand, wäre ihr zwar nicht er-
wünscht gewesen, aber um den Preis, daß er vielleicht dadurch gebessert werden könne? Als Frau Kunold, nachdem
sie diese Nachrichten erhalten hatte, mit Klara zusammen-
gekommen, war ihr das Herz übergeflossen und sie hatte
sich über Hugo, der ihr so viel Sorgen verursache, ausgesprochen, wobei es natürlich war, daß sie auch ihres ältesten Sohnes erwähnte, der ihnen Zeit seines Lebens nur
Freude gemacht. Sie wußte wohl, daß sie Klara damit

wehmüthige Gefühle im Rückblick auf die Vergangenheit
errege, aber sie that es vielleicht mit Absicht.

Klara saß nun allein, ihr kleiner Rudolf war hier,
wo ihm Alles so schön erschien, nicht· in das Zimmer zu
bannen, er hatte schon gestern eine Freundschaft mit dem
alten Wächter geschlossen, der ihm Alles zeigen und
erklären mußte, und die Mutter war durch Frau Kunold
beruhigt worden, daß er bei dem alten Manne sicherer sei,
als bei der besten Kinderfrau. In Klara's Seele,˙ als sie
allein mit ihrer Nähterei für den Rudolf beschäftigt saß,
klangen die Worte nach, welche sie eben gehört hatte, und
sie versenkte sich mit ihren Gedanken in die Vergangenheit.
Wie anders hätte sich ihr Schicksal gestaltet, wenn nicht
Leo Witting, da sie kaum sechzehn Jahre alt war, wie
ein blendendes Meteor am Himmel ihres jungen Lebens
aufgeleuchtet wäre! Sie hätte die Liebe ihres Vaters, die
er ihr trotz seiner großen Strenge immerdar bewiesen
hatte, nicht verwirkt, sie hätte die Neigung des guten und
redlichen jungen Mannes, die ihr so herzlich entgegenge=
tragen wurde, nicht zurückgewiesen, sie säße heut wohl auf
demselben Platze, den sie heut einnahm, aber mit welchem
andern Rechte! Und Leo auch, er hätte mit seinem Vater
nicht gebrochen, nicht die Heimath verlassen, er lebte noch
und wäre vielleicht glücklich mit einer Andern!

Als sie sich in diesen Vorstellungen hingab, sank ihr
die Hand mit der Arbeit in den Schooß, sie neigte das
Haupt und blickte ſchwermüthig vor sich hin. Ihr Ant=

litz hatte aber heut einen ganz andern Ausdruck angenommen als gestern, da sie mühselig, bis zum Tode erschöpft,
mit ihrem Rudi durch das Eberthal und die Steinach herauf-
gestiegen und dann mit erbangender Seele vor ihren
Vater getreten war. Zwar trugen ihre eingefallenen
Wangen noch immer die Zeichen langen Kummers, die
sich über Nacht auch bei der glücklichsten Wendung des
Schicksals nicht verwischen, sie war bleich, wie gestern, und
wenn ein leichter Schimmer wiederkehrender Farbe in diesem Moment auf ihrem Antlitz zu sehen war, so konnte
er nur durch die Gedanken, welche augenblicklich ihre Seele
bewegten, entstanden sein und mußte nur zu bald wieder
verschwinden. Aber die scharfen Linien um den Mund,
welche gestern unter dem Einfluß ihrer Gemüthsbewegung
und Bangigkeit mehr hervorgetreten waren, hatten sich ge-
mildert und es war doch, als könne der Hauch des Frie-
dens, der Klara jetzt umwehte, einst dies noch immer an-
ziehende Gesicht wieder schön aufblühen lassen. Sie war
ja kaum siebenundzwanzig Jahr alt!

Während sie gedankenvoll durch das Fenster blickte,
wurde hinter ihr leise die Thüre geöffnet. Ein Mann
trat ein, der beim Anblicke der Fremden am Fenster stutzte,
er war von hoher Gestalt, die er nur ein wenig geneigt
trug, sein Gesicht konnte nicht schön genannt werden, doch
war es von klugen, dunklen Augen belebt und durch einen
dichten, kurz gehaltenen, schwarzen Vollbart gehoben und hatte
einen gleich beim ersten Blicke Zutrauen erweckenden Ausdruck.

Das Geräusch an der Thüre rief die wandernden Gedanken der jungen Frau in die Gegenwart zurück, sie wandte sich um und als sie ihr Gesicht voll nach ihm kehrte, rief der Eingetretene mit unaussprechlicher Freude ihren Namen. Sie erröthete lebhaft, das Wunder der Verjüngung schien in diesem Momente vollzogen, sie erhob sich rasch und sagte, Alles vergessend, was zwischen Jetzt und Einst lag, mit bebender Stimme: „Sie sind es, Paul! Sie erkennen mich wieder!"

Er eilte auf sie zu und ergriff ihre Hand. „Wie sollte ich Sie nicht wieder erkennen!" rief er, doch faßte er sich schnell und unterdrückte die Regung, die ihn in eine schönere Zeit zurückversetzte. „Verzeihen Sie, Frau von Witting," sagte er, „daß ich mich vergaß. Ich war so überrascht, Sie wieder und hier zu sehen, daß ich wohl Entschuldigung verdiene. Eben bin ich angekommen und habe Niemand gesehen, der mir hätte sagen können, daß ich Sie hier finden würde. Seien Sie gegrüßt in der Heimath!"

Das Erröthen eines Augenblicks war schon auf Klara's Wangen der Blässe wieder gewichen und diese tiefer geworden, als zuvor. Sollte sie Paul gleich ihr Schicksal erzählen? Das war unmöglich, sie sehnte sich heiß nach der Wiederkehr seiner Mutter, welche dieser peinlichen Scene, die nur im ersten Moment eine freudige gewesen war, ein Ende machen würde. Doch kam Frau Kunold nicht und sie blieb allein mit dem Manne, der ihrem jugendlichen Herzen einst so lieb gewesen war. Antworten mußte sie ihm, seine Rede hatte gezeigt, daß er zum Bewußtſein gekommen war, er hatte ſo förmlich, wie zu einer Fremden zu ihr geſprochen und es fiel ihr doch ſo ſchwer, den gleichen Ton gegen ihn anzuſchlagen! Indeſſen zwang ſie ſich dazu.

„Ich bin zurückgekehrt,“ ſagte ſie, „und jetzt ein Gaſt Ihrer Frau Mutter. Sie erwartete nicht, Sie in nächſter wieder hier zu ſehen — wie ſehr wird ſie ſich freuen! „Vor ſeinem Blicke, der bei ihren möglichſt ruhig ausgeſprochenen Worten gleichſam vorwurfsvoll auf ihr ruhte, gerieth ſie in Verlegenheit — hatten ſeine Augen noch immer nicht verlernt, Alles erkennen zu laſſen, was in ihm vorging? Er wunderte ſich, daß ſie ſo kalt höflich zu ihm ſprechen konnte! Durfte er das aber nach Allem, was geſchehen war, ſeit ſie ihn und er ſie noch bei Vornamen genannt hatte, anders erwarten?

„Ich bin auch durch einen beſondern Zufall veranlaßt worden, jetzt hieher zu kommen,“ antwortete er. „Das Unglück, das hier geſchehen iſt — Sie werden davon wiſſen — iſt die Urſache. Der Staatsanwalt in Freiſtadt, dem die Unterſuchung oblag, iſt ſchon ſeit einiger Zeit krank, mir war bereits die Verfügung zugekommen, ihn für die Dauer ſeiner Krankheit zu vertreten, als geſtern durch einen expreſſen Boten die Meldung kurz nach meiner Ankunft in Freiſtadt eintraf, und mich veranlaßte, ſchleunigſt hieher zu fahren.“

Er entſchuldigte ſich förmlich, daß er in das Haus ſeiner Eltern gekommen war! Sollte ſein warmes Herz im Laufe ſeines juriſtiſchen Lebens erkaltet und verſteinert ſein

wie es im steten Verkehr mit der Schlechtigkeit der Menschen nur zu oft geschieht?

„Es ist ein großes Unglück, das die Eltern des Er-
mordeten betroffen hat " sagte sie.

„Laffen Sie uns hoffen, daß hier kein Mord vorliegt,
sondern eben nur ein Unglück," erwiederte er und brach
davon ab. „Sie sind der liebe Gast meiner Mutter?
Darf ich hoffen, auf längere Zeit?"

„Nicht auf lange!" erwiederte sie, und rang nach
passenden Worten, um ihn wenigstens durch eine Andeutung wissen zu laffen, worüber sie ihn nicht im Unklaren
laffen wollte; sein mitleidiger Blick, der auf ihr ruhte, war
ihr drückend: er galt ihrem leidenden und vergrämten Aus-
sehen, deffen sie sich wohl bewußt war, und die Frage
mochte ihn vielleicht doch beschäftigen, was die Ursache desselben sein könne.

„Ich wundere mich, Herr Kunold, daß Sie mich
gleich wieder erkannt haben," sagte sie mit einem Lächeln,
zu dem sie sich zwang, aber ach! wie schmerzlich war dies
Lächeln! „Ich habe mich sehr verändert . . . in letzter
Zeit hat mich zu viel Schweres betroffen!"

„Das betrübt mich!" erwiederte er mit dem Ausdruck
wahren Mitgefühls. „Darf der Freund es erfahren?"

Das Wort, so innig ausgesprochen, ging ihr zum Herzen, sie konnte nicht gleich antworten.

„Zweifeln Sie an meiner Freundschaft?" fuhr er
ort, da sie sich halb von ihm abwandte.

„Ich zweifle nicht daran . . .," erwiederte sie bewegt. „Ihre Mutter wird Ihnen mein Schicksal erzählen . . ."

„Sie mahnen mich daran, daß ich meine Mutter auf-
suchen soll," sagte er mit dem Tone, der wieder förmlich
klang. Er glaubte auch, daß sie ihn in die Schranken,
welche zwischen ihnen gezogen waren und die er, ohne es
zu ahnen, vielleicht schon überschritten hatte, zurückweisen
wollte. „Da Sie wenigstens auf einige Zeit bei meiner
Mutter verweilen werden, so darf ich sagen: auf Wiedersehen, gnädige Frau."

„Auf Wiedersehen, Herr Staatsanwalt!" entgegne-
sie, von seinem plötzlich veränderten Wesen ein wenig ver-
letzt. Doch gleich setzte sie ihrem Gefühle nachgebend hinzu:
„Muß denn zwischen uns die kalte Form herrschen?"

„Wie gern will ich sie verbannen!" rief er. — „Ich
gehe jetzt, meine Mutter aufzusuchen, Sie haben mich an
dieselbe gewiesen, von ihr werde ich erfahren, was Sie
mir sagen wollten. Mag es ein noch so schweres Schicksal gewesen sein, Eins weiß ich mit Bestimmtheit, daß Sie
keine Schuld daran tragen, Klara!"

„Doch, Paul!" erwiederte sie leise mit gesenktem
Haupte. „Auch ich habe meinen Theil Schuld daran!"
Sie winkte ihm, sich nun ganz abwendend, daß er gehen
sollte, und er verließ sie mit ungestüm pochendem Herzen.
Welches Schicksal hatte sie betroffen?

Als er auf den Corridor trat, kam eben sein Vater
die Treppe herauf. Verwundert über den Anblick seines

Sohnes, den er gar nicht erwartet hatte, rief der Gutsherr doch freudig: „Dich sendet Gott!" Er fragte gar
nicht nach der Ursache seines Hierseins, sondern bat ihn,
mit auf sein Zimmer zu kommen, und wollte nur wissen,
ob er schon die Mutter gesprochen habe. Als Paul das
verneinte, und nur der Frau von Witting erwähnte, die
er zu seiner großen Ueberraschung hier gefunden, nickte der
Vater zufrieden mit dem Kopfe.

In seinem Zimmer schob er den Riegel vor, damit
Niemand sie stören solle. Paul hatte schon mit Besorgniß bemerkt, daß sein Vater, den er nie anders, als heiter,
wenigstens in gleichmüthiger Stimmung kannte, sehr auf-
geregt war und daß sein Blick und seine Mienen verrie-
then, daß ihm etwas Schlimmes begegnet sein mußte. Er
fragte aber nicht danach, da er sah, daß er es ungesäumt
erfahren werde.

„Du hast gehört, was hier vorgestern vorgefallen ist,
ich meine das Unglück draußen im Walde?" begann der
Vater auch sogleich.

„Deshalb bin ich ja hier," erwiederte Paul. „Ich
vertrete meinen erkrankten Collegen und soll die Uutersu-
chung einleiten. Der Kreisarzt ist bereits in der Mühle."

Erschrocken blickte der Vater seinen Sohn an. „Das
wolle Gott verhüten!" rief er. „Du die Untersuchung!
Das ist ja gar nicht möglich!"

„Lieber Vater was hast Du?" fragte Paul besorgt.

„Hier ist noch etwas Trauriges geschehen, das ich nicht ahne, an —"

„O Deine Mutter ahnt es auch noch nicht!" rief Kunold. „Ich danke Gott, daß er Dich mir zugeführt hat, ehe ich der Mutter begegnet bin! Mit Dir will ich Alles in Ruhe besprechen, Du bist ja so verständig, Du wirst rathen und helfen! Die Untersuchung kannst Du aber nicht führen, denn sie würde sich auf Deinen Bruder Hugo erstrecken!"

„Vater!" rief Paul aufschreckend.

„Hier, mein Sohn, hier lies! Das wird Dir Alles besser sagen, als ich es könnte!" Der Vater zog den Brief, den er heute früh durch den Boten erhalten hatte, aus seiner Brusttasche und reichte ihn mit zitternder Hand dem Sohne. Dann sank er in den Sessel und stöhnte aus tiefster Brust, der Seufzer nahm ihm aber die Last nicht ab.

Paul nahm das Blatt und las mit mühsam behaupteter Fassung:

„Ich nehme Abschied, Vater, auf lange Zeit, vielleicht auf ewig. Mit dem Kainszeichen gebrandmarkt werde ich durch die Welt irren, denn ich habe meinen besten Freund, der mir mehr als ein Bruder war, ermordet. Frage nicht wie es zugegangen ist, ich weiß es mir selbst kaum in voller Klarheit zu sagen. Wir waren im Walde zusammen, oft schon hatte es zwischen uns einen Gegenstand der Zerwürfniß gegeben — in der Unglücksnacht kam er

wiederum zur Sprache, mich reizte der Widerspruch, den
ich fand, und als ich gar Drohungen hörte, da war ich
meiner Sinne nicht mehr mächtig; ich fiel ihn an, wie ein
Raubthier, um ihn zum Widerruf seines Wortes zu zwin-
gen, daß er meinem Glück ganz entschieden im Wege stehen
und Alles, was in seinen Kräften sei, thun werde, um
die Erfüllung meines glühendsten Wunsches zu verhindern,
weil ich mein Opfer nur unglücklich machen könne. Mein
Opfer nannte er sie! Ich schreibe Dir das so ausführlich,
damit Du siehst, wie er mich gereizt hat, und wenn Du
für mich keine Entschuldigung findest, so doch die Mutter
wenigstens mich nicht ganz verdammt! Ich stürzte ihm
an die Kehle, wie ein Raubthier, meine Büchse warf ich
zur Erde — davon fiel der Schuß, o hätte die Kugel
doch mich getroffen! Aber sie traf ihn, er sank! Ich stieß
einen Schrei aus, der mir selbst noch heut in den Ohren
gellt, ich warf mich neben ihn auf den Grund, aber er
war leblos und das Bewußtsein meiner That riß mich mit
unnennbarem Grauen wie an den Haaren empor und
scheuchte mich in rasender, besinnungsloser Flucht hinweg.
Dunkel war mein Gedanke dabei, Hülfe zu holen, lag
doch unten am Ausgange des Thales ein Bauerhof, aber
ich wußte schon nicht mehr, was ich that, die Furien
peitschten mich von hinnen! Wie lange ich umhergeirrt
und wo, das weiß ich nicht mehr. Als ich wieder zu klaren Vorstellungen kam, war es Tag, die Orgelklänge
hatten mich wohl zur Besinnung gebracht, sie tönten mir

wie einem Ausgestoßenen! Ich war wieder in die Nähe
der Stelle gekommen, wo ich den Freund wie einen Tod-
feind erschossen hatte, ich eilte zu der Stätte zurück; sie
war aber leer und ich jauchzte laut auf, denn ich wähnte,
daß er nicht tödtlich getroffen gewesen, daß er wieder zu
sich gekommen sei und sich aufgerafft habe — um so ge-
wisser glaubte ich das, weil auch sein Gewehr nicht mehr
da war. Unselige Täuschung, die nur zu schnell zerstört
wurde! Als ich Gewißheit hatte, bald nach meiner Rückkehr durch Leute, welche den Zug nach der Waldburg gesehen, da ergriff mich eine wilde Verzweiflung und das
Beste wäre wohl gewesen, wenn ich mir eine Kugel durch
den Kopf gejagt hätte, wie ich auch der Mutter gesagt.
Aber dazu war ich zu feige, ich suchte mein elendes Da-
sein noch zu fristen. — Hinweg von hier! war mein einziger Gedanke und so bin ich denn auf der ersten Station
meiner Flucht, von wo ich Dir schreibe. Glaubst Du,
daß ich noch zu retten bin vor moralischem Untergang, so
sei der einzigen Hoffnung nicht zuwider, die ich noch hege —
ich habe an Magdalenen geschrieben! Willst Du mir sonst
noch helfen, so werde ich in New-York darauf harren, eine
Adresse weiß ich Dir nicht zu geben, auf der Post will
ich aber Tag für Tag fragen, nicht des Mammons wegen
dessen ich auch, auf eigene Kraft gestützt, entbehren kann,
aber um eines freundlichen Wortes willen, das mir vielleicht
doch Dein Vaterherz oder die Liebe der Mutter spendet.
Ob ich Euch jemals wieder sehen werde?"

Mit diesen Worten schloß der Brief und seine Geständnisse las der Bruder, las der Staatsanwalt, welcher
die Untersuchung einleiten sollte! Auch aus Paul's Wangen
war die Farbe gewichen und als er den Brief zu Ende
gelesen hatte, sagte er nur:

„Meine arme Mutter!

„Ja wohl!" seufzte der Vater. „Ihr einziger Trost
wird sein, daß er die That nicht mit Absicht begangen hat."

„Hast Du ihn dessen für fähig gehalten?" entgegnete Paul sanft.

„Gott soll mich in Gnaden bewahren!" erwiederte
der Vater. „Hätte er den Schuß auch in blinder Leidenschaft abgedrückt, so wäre er doch immer dabei unzurech-
nungsfähig gewesen! Was soll aber nun geschehen? Du
kannst doch unmöglich gegen Deinen Bruder einschreiten?
Und sind wir verpflichtet, von diesem Briefe Anzeige zu
machen?"

In Paul war darüber schon der Zweifel geschlichtet,
sein rechtlicher Sinn hatte ihn trotz aller Versuchung über-
wunden. „Daß ich die Untersuchung, auch im ersten
Stadium nicht führen kann, ist klar," sagte er. „Ich
muß sie ablehnen und das vor meinen Vorgesetzten mo-
tiviren. Dies Blatt, als ein wichtiges Document, zu un-
terschlagen, kann uns nicht einfallen, wie schwer es uns
auch werden mag, dasselbe dem Untersuchungsrichter zu
übergeben."

„Wie, Paul?" rief der Vater. „Ich selbst soll als

Ankläger gegen meinen Sohn auftreten, die Schande, die er über uns gebracht hat, öffentlich machen? Kein Gesetz kann das fordern!"

„Aber unser eigenes Gewissen! Ich bin doch nun einmal von Amtswegen hierher geschickt, ich habe den Brief gelesen — kann ich meine Kenntniß daran verleugnen? Wie soll ich denn begründen, daß ich von der Untersuchung entbunden sein will? Es ist ein harter Conflict, in den wir hier gerathen, aber wir müssen der Wahrheit die Ehre geben. Hugo kann doch immer nur wegen fahrlässiger Tödtung verurtheilt werden und da er nicht hier ist, in contumaciam. Mildernde Umstände sprechen zu seinen Gunsten, so daß die Freiheitsstrafe, auf welche gegen ihn erkannt werden muß, geringer bemessen werden kann. Wäre er nicht in seiner Leidenschaftlichkeit, von welcher jedes Wort seines Briefes Zeugniß giebt, in die weite Welt gegangen, so hätte er am besten gethan, sich selbst dem Gerichte unter offener Darlegung der Thatsachen zu stellen. Mein brüderlicher Rath würde ihm dabei nicht gefehlt haben. Bedenke doch selbst, lieber Vater, wenn wir unsere Mitwissenschaft verheimlichten und es ergeben sich dann im Laufe der Untersuchung Anzeichen gegen Hugo — in welche Lage würden wir gerathen!"

„Ja, ja, Du hast Recht!" sagte der Vater. „Hier hat mir der Förster etwas übergeben, das ich dem Gericht abliefern muß: diesen Handschuh, ich hatte ihn fast vergessen." Er zog ihn aus der Tasche. „Kein Mensch trägt hier solche Handschuhe, als Hugo, alle Menschen wissen das und es ist schon viel darüber gesprochen worden, daß er eine so häßliche Mode mitmacht, aber gerade deshalb hat er täglich solche Handschuhe getragen. Nun hat der Förster diesen einen im Walde an der Stelle gefunden, wo das Unglück geschehen ist. Zu verleugnen wird also nichts sein — mir thut nur meine arme, arme Frau leid, die ihn so sehr liebt!"

„Laß mich mit der Mutter reden," bat Paul. „Ich werde ihr vorstellen, daß es allerdings ein Unglück ist, daß aber die Folgen für Hugo doch nicht so schlimm sein werden, als sie fürchtet. Wirst Du an Hugo schreiben?"

„Ich weiß nicht, was ich thun soll," antwortete der Vater: sein Entschluß stand aber schon fest, er konnte seinen Sohn doch nicht verlassen, er hatte im Sinn, ihm durch kaufmännische Verbindungen eine Summe übermitteln zu lassen, womit er sich dort eine Zukunft gründen könne, vorausgesetzt — was freilich bei ihm sehr zweifelhaft war! — daß er es vernünftig anfinge.

„Wenn Du ihm schreibst, so gestatte mir, einige Worte einzulegen," sagte Paul. „Ich werde ihm Alles ruhig vorstellen und ihn zur Heimkehr ermahnen."

„Das thut er nicht!" entgegnete der Vater. „Dazu ist er viel zu trotzig! Sich hier dem Spruche des Gerichts unterwerfen, nimmermehr!"

„Ich glaube doch, daß er auf mich hören wird," sagte Paul zuversichtlich.

„Wohlan, so lege ich Alles in Deine Hand!" sprach der Vater mit erleichtertem Herzen. „Sprich nur zuerst mit der Mutter."

Das war Paul's Absicht, er suchte sie in ihrem Zimmer auf, wohin sie, wie er draußen von ihrem Mädchen vernahm, gegangen war. Dann wollte er nach der Klingmühle gehen, wenn er dem Kreisarzte nicht schon auf dem Wege begegnete, und ihm sagen, daß er aus Gründen gesetzlicher Art verhindert sei, die Amtspflicht, die ihm aufgetragen, zu erfüllen und daher auf einen Substituten antragen müsse, welchen Antrag er dann sogleich zu stellen nnd abzusenden gedachte. Er hatte sich die ganze Sachlage nun klar gemacht und sah dieselbe gar nicht für so hoffnungslos an, wie im ersten Augenblicke, wo er über Hugo's Brief erschrocken war.

8.

Ein trauriger Tag war es für die Familie; Paul hatte zwar der Mutter Alles so schonend und liebevoll vorgetragen, daß sie sich in die Schickung, die nicht mehr zu ändern war, ergeben hatte, als er aber fortgegangen war, um die Geschäfte, die ihm noch oblagen zu besorgen, war der Schmerz mit erneuter Stärke erwacht. Besonders sträubte sie sich dagegen, daß der Brief ihres Lieblings, der doch nur für die Eltern geschrieben war, den herzlosen Richtern übergeben werden sollte, und wenn sie sich auch den Gründen, welche Paul dafür geltend machte, nicht ganz verschließen konnte, so blieb es immer quälend und trostlos für sie. Hätte Paul den Brief nicht schon in Verwahrung genommen, so wäre es wohl möglich gewesen, daß sie ihn von ihrem Manne durch Bitten zu erlangen gesucht hätte, um ihn zu vernichten; das war aber nun zu spät. Die Hoffnungen, welche ihr Paul gemacht, daß das richterliche Urtheil für seinen Bruder nicht so schlimm ausfallen, und daß sie ihn vielleicht bald wiedersehen werde, hatte sie mit Freuden ergriffen und hielt sie fest. Wenn die Andeutung, welche Hugo in seinem Briefe gemacht, daß er durch die Liebe eines treuen Weibes für das Bessere und Edlere gerettet werden könne, in der Wahrheit begründet war, so würde die Mutter ja mit Freuden ihre Einwilligung zu der sonst so unpassenden Verbindung mit der Tochter eines Freistädter Seilers gegeben haben. In der trüben Stimmung, welche sie immer schwerer heimsuchte, als auch ihr Mann seinen Angelegenheiten nachgegangen war, blieb ihr Klara ein wahrer Trost. Sie hatte Paul, als nach seinen Eröffnungen ein Moment der Ruhe über sie gekommen war, das Schicksal der jungen Wittwe erzählt und adurch einen tiefen Eindruck auf ihn gemacht, so daß er gegen seine sonstige Art eine Weile ganz zerstreut gewesen war. Bald hatte er jedoch, unwillig über sich selbst, diese Anwandlung bemeistert und war dann gegen Klara, die er, in das Familienzimmer mit seiner Mutter zurückkehrend, hier traf, voll der zartesten, aber

7*

unbefangenſten Theilnahme geweſen. Sein freundliches
Benehmen gegen den kleinen Rudolf, der treuherzig mit
dem fremden Manne zu plaudern begann, hatte Klara's
Herz wohlthuend berührt: Kinder haben einen merkwür=
digen Inſtinct, der ihnen ſagt, wer es wirklich gut mit
ihnen meint, oder wer nur aus Rückſichten mit ihnen
ſchön thut, vor einem ſolchen bleiben ſie immer ſcheu, wäh=
rend ſie ſich dem erſtern, ohne daß er ſie beſonders an
ſich lockt, offen anſchließen. Frau Kunold hätte nun gern,
nachdem Paul ſich entfernt hatte, über ihn etwas von
Klara gehört, aber dieſe ſchwieg und ſie wollte doch auch
nicht fragen, da ſie ſich dies Schweigen nach ihren wieder
erwachten Wünſchen auslegen konnte. Bald trat auch
Paul in ihrer Seele wieder vor dem Bilde ihres jetzt ſo
unglücklichen Lieblings in den Hintergrund, über dieſen
konnte ſie mit Klara ſprechen, und ſie fand bei ihr das
innigſte Mitgefühl und auch Troſt!

Gegen Abend fuhr Herr von Witting auf den Hof
und ließ ſich bei ſeiner Schwiegertochter melden. Aus=
drücklich hatte er geſagt: nur bei meiner Schwiegertochter,
und ſie bitten laſſen, ihm eine Unterredung unter vier Au=
gen zu geſtatten. Klara war von der Betonung ihres Ver=
hältniſſes zu ihm, welche ſelbſt dem meldenden Diener auf=
gefallen war, wohlthuend überraſcht; ſie mußte gleich an
ihren Vater denken und die Hoffnung, daß auch er ſich
bald verſöhnen laſſen werde, lebte von Neuem in ihrem
Herzen auf. Frau Kunold ließ ſie im Wohnzimmer allein

und sie sah mit klopfendem Herzen dem nächsten Moment
entgegen.

Der alte Herr kam so spät, weil er sich gestern Abend
entschlossen hatte, erst nach der Stadt zu fahren und das
Geschäft abzumachen, das ihm, nun die Idee einmal bei
ihm erwacht war, keine Ruhe mehr ließ. Er wußte zwar,
daß wenn er auch die Zeit versäumte und gar vom Tode
übereilt würde, noch ehe er dasselbe zu Stande gebracht,
darum nichts verloren sein würde, indem er ja, wie er nun
wußte, einen Intestaterben besaß, aber er wollte sich doch
auch bei Lebzeiten noch die Freude gönnen, außerdem noch
eine andere Seele glücklich zu machen, so weit Geld dies
nach so traurigen Schicksalen vermochte.

Er trat mit einer gewissen Unsicherheit in das Zimmer, sein rundes behäbiges Gesicht war lebhafter gefärbt.
Klara kam ihm entgegen und erröthete noch tiefer, als er
die Hand nach ihr ausstreckte. Sie ergriff dieselbe, er zog
sie aber rasch wieder zurück und sagte: „Ich habe viel an
Ihnen gut zu machen, meine Tochter, ehe Sie mir die
Hand geben können!"

„An mir ist es, Ihre Verzeihung zu suchen, Herr
von Witting," erwiederte sie bewegt.

„Herr von Witting, warum nicht gar! Vater sollen
Sie mich nennen!" rief er. „Gestern früh waren Sie auf
und davon, ehe ich ein Wort mit Ihnen sprechen konnte.
Wollen Sie aber auch meine liebe Tochter sein?" Sie
nahm seine Hand, die er ihr nicht mehr entziehen konnte

und wollte sie küssen, das litt er aber nicht. „So ist denn Alles in Ordnung!" fuhr er fort. „Von alten Zeiten reden wir jetzt nicht, dazu werden wir später kommen. Ich bin bei Ihrem Vater gewesen — weinen Sie nicht, Kind, der wird schon auch sein hartes Herz bezwingen, verlassen Sie sich darauf. Sie kommen nun zu mir, es ist zwar, wie die Leute sagen, ein Junggesellennest, aber die ganze Einrichtung ist noch von meiner seligen Frau und wird Ihnen schon gefallen. Es soll eine Revolution geben in der alten Waldburg, wie sie noch in keiner Wirthschaft dagewesen ist, Sie sollen das Regiment im Hause führen und ich will der Erste sein, Ihren Pantoffel zu küssen."

In seiner Freude, daß die Zusammenkunft, vor welcher er sich eigentlich gefürchtet hatte, so glücklich und leicht abgegangen war, hatte er mit unaufhaltsamem Redeflusse gesprochen und gar nicht bemerkt, daß Klara ganz bleich geworden war. Als er endlich sah, wurde er ganz bestürzt und fragte sie, ob er sie gekränkt habe.

„O nein, nein!" rief sie. „Ihre Güte beschämt mich — ich habe es nicht um Sie verdient und kann sie nicht annehmen. Lassen Sie mich den Weg gehen, den mir mein Vater vorgezeichnet hat."

„Das sollte mir fehlen!" rief Witting. „Nicht wahr, ich werde meine Schwiegertochter, Frau von Witting, und meinen Enkel nach Krähwinkel ziehen lassen! Sie gehören auf die Waldraster Halde hier sind Sie geboren und zu Hause, hier haben Sie Ihren Vater, der Sie schon auf-

suchen wird, denken Sie an mich! Hier haben Sie die
guten Kunolds und wenn wir erst eingerichtet sind, so la-
den wir uns manchmal Familien aus der Nachbarschaft
ein, wie zu Lebzeiten meiner seligen Frau. Sie werden
schon für Alles sorgen, die Kunold giebt Ihnen vor der
Hand eins von ihren Mädchen mit, bis Sie für die nö-
thigen Frauenzimmer in Ihrem eigenen Hause gesorgt
haben."

„Herr von Witting!" wollte Klara, von seiner Rede
außer Fassung gekommen, Einwände erhebend entgegen.

„Herr von, warum nicht gar gnädiger Herr!" unterbrach sie Witting. „Vater sollst Du mich nennen und
Du — ich will auch Du zu meiner Tochter sagen: Die
Waldburg ist Dein Haus und wenn heute noch nicht, so
wird sie's über kurz oder lang, wie Alles steht oder liegt
d'rin, dafür habe ich schon gesorgt. Das Vorwerk ist noch
verpachtet und muß mir liefern, was ich im Hause brauche,
willst Du es später selber bewirthschaften, so kannst Du
es halten, wie Du willst. Alles, was ich sonst habe, bekommt natürlich mein Enkel — wo ist denn der kleine
Kerl? ich möchte ihn gar zu gern sehen!"

Klara, hoch erröthet über seine nicht eben zarte Be-
handlung seiner Bestimmungen für die Zukunft, rief ihren
Knaben, der unten spielte, aus dem Fenster und Rudolf
kam schnell genug. Er lachte den alten Herrn an, in welchem er gleich den kleinen freundlichen dicken Mann wieder

erkannte, der ihn neulich im wilden Thale, wo er sich fast verlaufen, wieder zu seiner Mama gebracht hatte.

„Nun, Rudolf von Witting?" rief ihm der Alte entgegen. „Desertirst Du Deiner Mama wieder, kleiner Wildfang? Du sollst mit ihr zu mir kommen, ich habe viele schöne Sachen, die ich Dir schenken will, auch ein kleines Pferdchen, das kannst Du reiten, wenn Du grö= ßer bist."

„Ist das wahr, Mama?" fragte der Knabe mit glän= zenden Augen. Sie küßte ihn und gab endlich dem alten Herrn auf seine wiederholte Bitte eine bedingte Zusage. Erst wollte sie darüber mit Frau Kunold reden, welche sie so herzlich eingeladen hatte, recht lange, wo möglich im= mer bei ihr zu bleiben. Witting hatte nun auch im Sinne, Kunolds zu begrüßen, er konnte doch unmöglich, da er in ihrem Hause war, fortgehen, ohne sie gesehen zu haben, ihren Sohn den Staatsanwalt, hatte er in Freistadt ge= sprochen und dieser ihm erzählt, daß er in Amtsgeschäften nach Waldrast fahre. Klara sagte ihm jedoch, daß weder der Vater, noch der Sohn zu Hause und die Mutter un= wohl sei, womit sie ihm keine Unwahrheit sagte. Er nahm also von ihr Abschied, höchst zufrieden mit dem Ausgange dieser Unterredung und schärfte ihr nochmals ein, daß sie ihn „Du" nennen solle, er werde für seine liebe Tochter bis morgen Alles eingerichtet haben, sie müsse nur für's Erste vorlieb nehmen, da er's nicht recht verstände, nachher könne sie ja Alles ändern, was ihr nicht gefalle.

Frau Kunold war erstaunt und erfreut, als ihr Klara die ganze Unterredung mit ihrem Schwiegervater erzählte und hatte nur das Bedauern dabei, daß sie nun ihren lieben Gast verlieren sollte. Die Anerkennnng vor der ganzen Umgegend, wo ihrer Zeit die Liebe des jungen Husarenoffiziers zu der Pfarrerstochter und die Unbeson= nenheit des jungen Paares das größte Aufsehen erregt hatte, war zu glänzend, als daß noch ein Zweifel walten konnte, ob Klara nach der Waldburg gehen sollte. Sie wollte auch zuvor nur die Erlaubniß ihres Vaters erbitten, aber Frau Kunold redete ihr das aus, sie übernahm es den Pfarrer davon in Kenntniß zu setzen. Dann aber wollte sie Klara bei ihrer Uebersiedelung und Einrichtung helfen und wurde dadurch von ihren traurigen Gedanken wohlthätig abgezogen.

Paul hatte unterdessen mit dem Kreisarzt Rücksprache genommen, der schon in der Klingmühle Einiges gehört hatte, das ihm das gesetzliche Hinderniß des Staatsan= walts für die ihm übertragene Untersuchung erklärte. Er begleitete ihn nach dem Schlosse, wo er wartete, bis der= selbe seine Eingabe geschrieben hatte, welche er dann zur Beförderung mit nach der Stadt nahm. Die Erledigung konnte freilich auf dem Dienstwege nicht gleich erfolgen und Paul durfte sie nicht in seiner Eltern Hause ab= warten, da er sein Commissorium in Freistadt wahrzu= nehmen hatte, doch dauerte dasselbe voraussichtlich noch längere Zeit und er konnte, wenn seine Geschäfte es ihm

erlaubten, oft in Waldraft sein. Die unerwartete Wendung, welche Klara's Schicksal genommen hatte, war auch
ihm eine tiefe Befriedigung, der offenherzige Witting, dem
das abgethane Geschäft bei seinem Rechtsanwalt und dann
auf dem Gericht, wo er sein Testament deponirte, das
Herz froh gemacht, hatte dem Staatsanwalt, dessen früheres
Verhältniß zu dem noch sehr jugendlichen Mädchen ihm
nicht unbekannt geblieben war, einige Andeutungen gemacht,
wie er für die Zukunft seiner Schwiegertochter gesorgt
habe, damit sie von dem guten Willen des Universalerben,
seines Enkels, unabhängig sei. Frau Kunold, welche sich
wirklich zu angegriffen fühlte, überließ es ihrem Manne,
der sich dazu erbot, den Pfarrer von der Aufnahme seiner
Tochter bei Herrn von Witting zu benachrichtigen und er
machte damit auf Klara's Vater einen sichtlichen Eindruck,
wenn er demselben auch keine Worte gab. „Gott möge
ihre Zukunft segnen!" sagte er aber doch.

In der alten Waldburg war seit vielen Jahren keine
solche Aufregung unter den Bewohnern gewesen, vom
Burgherrn bis zum letzten Stallbuben, als an dem Tage,
wo die Schwiegertochter des Herrn von Witting mit seinem Enkel vom Schlosse herüberkam. Frau Kunold war
vorher, auf Witting's Einladung, dort gewesen, um dem
alten unpraktischen Herrn in seinen Nöthen, da er Alles
recht schön machen wollte, beizustehen. Nun waren die
Zimmer seiner verstorbenen Frau für Klara aber auch
wirklich, trotz der veralteten Möbel, sehr hübsch und be=

haglich eingerichtet. Witting hatte bei seinem Koch ein ausgezeichnetes Diner bestellt und Kunold's dazu eingeladen, es freute ihn, daß auch der Staatsanwalt noch anwesend war, denn er hatte ihn von jeher sehr gern. Nur der Einspruch seines Jonas hatte ihn abgehalten, auch den Pfarrer Schubert einzuladen und möglicherweise Klara durch seine unverhoffte Anwesenheit eine Freude zu bereiten aber Jonas hatte ihm das Unpassende und Vergebliche eines solchen Schrittes vorgestellt, der den steinharten Mann verdrießen und nur noch starrer machen mußte.

Nach diesem schönen Tage gestaltete sich das Leben auf der Waldburg allerdings ganz anders, als es bisher gewesen war und Witting gestand seinem Vertrauten schon nach kurzer Zeit, es sei doch ein anderes Ding, wenn eine Frau das ganze Hauswesen in Ordnung halte und man immer seine Freude an ihrem lieben Gesicht haben könne. Jonas erwiederte darauf, daß er schon vor zehn Jahren diese Freude gehabt hätte, wenn er nicht zu stolz gewesen wäre, die Pastorstochter als Frau seines Sohnes anzunehmen, dann hätte er auch den jungen Herrn noch.

Frau Kunold kam oft, Klara zu besuchen und war von Witting immer gern gesehen. Wenn ihr Sohn in Waldrast war — und das war sehr oft! — so begleitete er seine Mutter stets nach der Waldburg und auch der Vater kam zuweilen mit; sie mußten dann immer sehr lange bleiben, Witting ließ sie nicht fort. In diesem gemüthlichen Umgange konnte es nicht fehlen, daß die Herzen, welche einander einst so lieb gehabt, sich wieder näherten und, wenn auch Anfangs ohne Worte, verständigten. Paul hatte seine Liebe wie ein Heiligthum bewahrt und jede andere Wahl, zu der seine Mutter ihn gern bewogen hätte, von sich gewiesen. Klara war eine Zeitlang, verblendet und durch einen fremden Geist beherrscht, dem Manne ihrer ersten Neigung entfremdet gewesen, dann aber wie wir wissen, zum Bewußtsein gekommen, was sie verloren hatte — und nun das Glück, das sie verscherzt hatte, ihr mit treuer unveränderter Liebe von Neuem geboten wurde, konnte sie es ablehnen? Ihre einzige Sorge war dabei der Gedanke an ihr Kind, mußte sie nicht, da ihr auf einmal eine helle Zukunft in materieller Beziehung beschieden war, ihr ganzes Leben dem Kinde widmen, sollte sie ihm einen Stiefvater geben, der vielleicht kein Herz für dasselbe hatte? Wie großes Unrecht that sie Paul! Sie mußte ja, daß er äußerlich nicht jener Zärtlichkeit fähig war, mit welcher Andere oft einen falschen Prunk treiben, daß er aber um so tiefer fühlte und Rudolf beschämte sie, indem er Paul eine wahrhaft leidenschaftliche Anhänglichkeit bewies, welche in ihren oft tumultuarischen Ausbrüchen immer gütig aufgenommen wurde. Bei näherer Beobachtung Paul's in seinem Benehmen gegen das Kind verstummten also jene Zweifel in Klara's Brust und als Paul endlich das entscheidende Wort an sie richtete, wurde ihr Bund für das Leben geschlossen.

Ihr Vater hatte sich bis jetzt in seiner strengen Consequenz von ihr fern gehalten, sie zwar angenommen, wenn sie ihn besuchte, aber jedem Versuche, die Bitte um seine Verzeihung zu erneuern, gleich das Wort abgeschnitten. Es bedurfte eines zermalmenden Schlages, wie es schien, um den Eichbaum seines starren Sinnes zu fällen, aber Gott ersparte ihm diesen und führte die Versöhnung doch herbei — an seinem Sterbelager. Er hatte zwar seit einiger Zeit immer gekränkelt, aber sich mit Kraft aufrecht erhalten und alle Besorgnisse seiner treuen Dienerin zurückgewiesen, ihr auch streng verboten, über seine Kränklichkeit mit Jemand, am wenigsten mit seiner Tochter zu sprechen. Zweimal hatte er noch an einem Sonntage gepredigt, als ihn des Abends ein Schlagfluß traf. Im Dorfe war kein Arzt, was kann auch der Arzt in solchem Falle helfen? Marianne that, was dabei zu thun ist, er lebte noch, aber er hatte die Bewegung und Sprache verloren, nur sein Auge ruhte noch mit einem unbeschreiblichen Ausdruck auf der Dienerin, welche schon gethan hatte, was sein stummer Blick von ihr zu fordern schien. Nicht lange währte es, so stand Klara an dem Bette ihres Vaters. Da hob er sein Auge mild und gütig auf, seine Lippen bewegten sich, als wolle er sprechen, aber er vermochte es nicht, seine Augenlieder sanken — wenige bange Minuten noch — und er hatte vollendet. Klara aber wußte, daß er ihr im Tode verziehen hatte und ihr Dank stieg im Gebete aus schmerzerfüllter Brust innig zu Gott empor.

Seitdem wurde es stiller auf der Waldburg. Witting ehrte Klara's Trauer um ihren Vater, er wünschte sich aber doch wieder heitere Tage und athmete frei auf, als er zum ersten Male wieder ein Lächeln auf Klara's stillem Antlitz bemerkte, ein Lächeln, das ihrem harmlos mit ihr plaudernden Knaben galt. Das Kind war dem alten Herrn deshalb noch einmal so lieb. Die Zeit übte aber ihr Recht, Klara wurde bald ruhiger und das Glück ihres Herzens stimmte sie auch wieder freudig. Ihre Verbindung mit Paul, deren Tag schon festgesetzt, wurde des Trauerfalls wegen verschoben, das war dem alten Herrn auch nicht unlieb, denn er behielt nun doch sein Töchterchen, das er kaum gewonnen schon wieder verlieren sollte, einige Zeit länger bei sich. Ihrem Glück durfte er aber nicht hinderlich sein, sie blieb ja auch in der Nähe und hatte versprochen, recht oft nach der Waldburg zu kommen

Die Verhandlungen wegen des erschossenen Heilmann hatten ihren gewohnten Gang genommen und wurden in verhältnißmäßig kurzer Zeit beendigt. Da sich Hugo Kunold, gegen den auf Grund der Voruntersuchung, der Verhöre des Försters Wartmann und des Jägerburschen, sammt aller Zeugen, und endlich seiner eigenen schriftlichen Geständnisse die Anklage erhoben worden war, sich nicht gestellt hatte, so war ihm in Erwägung der weiten Entfernung, in welche er sich begeben, eine längere Frist gestellt worden, um sich in Folge des Aufrufs, der in öffentlichen Blättern verbreitet wurde, vor dem zuständigen Ge=

richt zu verantworten. Er kam indessen, trotz der eindringlichen Ermahnung, welche sein Bruder ihm geschrieben hatte, nicht zurück und ein Brief, der endlich im Winter von ihm nach Waldrast gelangte, ließ keinen Zweifel darüber, daß er nie zurückkommen werde. Das Glück, schrieb er, das er sich noch geträumt, habe sich als ein Wahnbild bewiesen, sein letzter Anker sei gebrochen, er wolle nun sein Lebensschiff durch Sturm und Wogen steuern, so gut es ihm gelinge, möglich, daß es noch einen sichern Port gewinne, möglich auch, daß es an Klippen zerschelle. Viel Nachtrauer habe er nicht verdient. — Die Seinigen weihten ihm aber doch eine solche aus betrübten Herzen; noch ehe dieser Brief gekommen war, hatten sie schon das Verständniß gewonnen welches ihnen nun seine räthselhaften Worte klar machte. Er hatte noch einmal an das Mädchen geschrieben, dem er eine durch Hindernisse nur um so wilder auflodernde Leidenschaft geweiht — und sie hatte ihm auf Zureden ihres Vetters geantwortet, da er ihr genau angegeben hatte, wohin diese Antwort zu richten sei. Ehrlich und derb hatte sie ihm geantwortet und alle Selbsttäuschungen, die er sich ohne ihr Verschulden gemacht, vernichtet — die Klingmüllerin hatte Frau Kunold die Abschrift dieses Briefes und auch Hugo's Brief gezeigt.

Als der Termin, welcher dem Abwesenden gesetzt war verstrich, so wurde er nach dem Gesetz in contumaciam verurtheilt.

Für Hugo konnte die Mutter jetzt nichts mehr thun, als beten und sie gab die Hoffnung nicht auf, daß Gott ihr Gebet erhören werde. Um so inniger erfreute sie sich aber an dem Glücke, das Paul nach treuem Ausharren endlich gefunden hatte, sie wünschte sehr, daß er den Staatsdienst verlassen und sich in der Nähe von Waldraft ankaufen möge. Witting hatte sich schon erboten, Klara die Waldburg noch bei seinen Lebzeiten als ihr Eigenthum zu überlassen — aber beide Vorschläge hatten keinen Anklang gefunden. Zum Glücke des Ehepaares konnten sie auch nichts beitragen, das war in ihren Herzen, nicht in äußeren Verhältnissen begründet, und die treue Marianne, welche Klara nach dem Tode ihres Vaters zu sich genommen hatte, konnte der Mutter ihres jetzigen Herrn, wenn sie mit nach Waldraft kam, nicht genug schildern wie herzerquickend es sei, Beide im Umgange mit einander zu sehen. Das konnte sich, wie die Mutter Beide kannte, nicht mehr ändern, selbst im Silberhaare des Alters nicht.

Bayerische
Staatsbibliothek
München

Druck von Günthel & Legler in Leipzig.